Stundenblätter Boulevardpresse

Ekkehart Mittelberg

Stundenblätter Boulevardpresse

Erscheinungsform und Wirkung

12 Seiten Beilage

Ernst Klett Stuttgart

Die Stundenblätter für das Fach Deutsch
werden herausgegeben von:
Wolfgang Salzmann

CIP-Kurztitelaufnahme der Deutschen Bibliothek

Mittelberg, Ekkehart:
Stundenblätter Boulevardpresse: Erscheinungsform u. Wirkung / Ekkehart Mittelberg. –
2. Aufl. – Stuttgart: Klett, 1980.
(Stundenblätter für das Fach Deutsch)
ISBN 3-12-927151-1

2. Auflage 1980

Satz: G. Müller, Heilbronn
Druck: Wilhelm Röck, Weinsberg
Einbandgestaltung: Zembsch' Werkstatt, München

Inhalt

Einleitung

1. Presse als Gegenstand des Deutschunterrichts

Keine Didaktik und Methodik des Deutschunterrichts bezweifelt heute mehr, daß die Presse ein legitimer Unterrichtsgegenstand dieses Faches ist. Auch besteht Einmütigkeit darüber, daß sie bereits in der Sekundarstufe I zu untersuchen sei. Dennoch darf man sich durch diesen vordergründigen Konsens nicht täuschen lassen, denn die Rechtfertigungen für den Unterrichtsgegenstand Presse sind sehr unterschiedlich und teilweise widersprüchlich. Völlig abzulehnen sind z. B. positivistische Begründungen wie diese: „Zeitungstexte haben längst Eingang in den Unterricht der Sekundarstufe I gefunden, und sie werden dort eingesetzt, um Unterschiede und Parallelen zu anderen Textsorten aufzuzeigen." (Pelster 1974, S. 9) Ehe der Deutschunterricht Textsorten vergleicht, hat er erst einmal zu begründen, weshalb er sich mit ihnen befaßt. Auch der Hinweis, daß Presseartikel Eingang in fast alle Lese- und Sprachbücher gefunden haben, ist nur ein Hinweis auf einen herrschenden modernen Trend, der aber noch nichts rechtfertigt. Eine der Bedeutung des Gegenstandes angemessene Begründung ist vielmehr darin zu sehen, „daß der heranwachsende Mensch in immer stärkerem Umfang über die Massenmedien" in die Gesellschaft eingeführt wird und „immer weniger über die traditionellen Sozialisationsfaktoren wie Familie oder Schule, die selbst von den Einflüssen der Medien geformt sind" (Zoll 1971, S. 13). Davon ausgehend ist zunächst die Frage zu stellen, ob und inwieweit die Presse in der Bundesrepublik Deutschland in Erfüllung ihrer wesentlichen Aufgaben (Information, Kritik, Kontrolle) junge Menschen demokratisch sozialisiert. Dieses Ziel kann sie auch durch ihre Sprache fördern oder verhindern. Wer also Zeitungssprache kritisch untersuchen will, um von einem allgemein anerkannten Ziel des Deutschunterrichts zu sprechen, muß sie in dem Verwendungszusammenhang journalistischer Darbietungsformen beurteilen und diese Formen konkret daran messen, was sie zur Aufklärung des Lesers beizutragen vermögen. Aber auch die Frage nach Möglichkeiten und Grenzen journalistischer Gebrauchsformen ist für eine kritische Analyse zu eng. Sie verleitet zu einer zu kurz greifenden werkimmanenten Interpretation. In der bekannten Arbeitshypothese von Harold D. Lasswell (1947) werden komprimiert weiterreichende Perspektiven aufgezeigt, die bei der Analyse einzelner Artikel zumindestens teilweise bewußt sein sollten „Who / says what / in which channel / to whom / with what effect?" Im freilich selten zu erreichenden Idealfalle müßten für eine gründliche Analyse also Kenntnisse erworben werden zu den Fragen:

„Who"?: Die Interessen und Arbeitsbedingungen der Journalisten eines Mediums müßten geklärt werden.

„says what"?: Die Aussagen eines Artikels und die damit verbundene Intention sollte erarbeitet werden.

„in which channel"?: Die spezifische Struktur und die Kommunikationsbedingungen des Mediums müßten erarbeitet werden, in dem der zu untersuchende Artikel erscheint.

„to whom"?: Kenntnisse über die soziale Zusammensetzung des Publikums sowie seine Lesegewohnheiten und Lesebedingungen sollten vorhanden sein.

„with what effect"?: Es müßte etwas über die Wirkung der Aussage in Erfahrung gebracht, zumindestens aber begründet vermutet werden.

Eine Einführung in kritische Zeitungslektüre in der Schule wird den skizzierten Fragestellungen nur propädeutisch und exemplarisch nachgehen können. Auch wird sie bei arbeitsteiligem Vorgehen nur immer Teilaspekte aufgreifen können. Dabei ist jedoch wichtig, daß den Schülern das arbeitsteilige Verfahren und die dadurch bedingte Verkürzung bewußt wird. Ganz entscheidend ist außerdem, daß Lasswell die äußerst wichtige Frage nach dem „warum" unterschlägt, die im Unterricht und in der Forschung nie fehlen darf; denn jedes mit der Verbreitung von Meinungen verbundene Handeln ist aufgrund des Warencharakters von Zeitungen und aufgrund der Stabilisierung oder Veränderung öffentlicher Einstellungen durch die Presse interessegeleitet. Die Frage nach dem „warum" erscheint nicht in der Gliederung der Unterrichtseinheit, weil sie als selbstverständliches Arbeitsprinzip in jeder einzelnen Stunde vorausgesetzt wird.

Bisher fehlt noch eine Begründung dafür, weshalb hier die Boulevardpresse als gesonderter Unterrichtsgegenstand empfohlen wird. Das ist zunächst einmal nicht im Sinne von Selektion zu verstehen. Es werden im Verlauf der Unterrichtseinheit immer Vergleiche zu anderen Zeitungstypen gezogen. Für die Straßenverkaufspresse gilt aber noch mehr, was für die Presse generell behauptet wurde, daß sie nämlich ein Sozialisationsinstrument ersten Ranges darstellt. Inwieweit dies im Sinne der Verfestigung und Verbreitung demokratischer Ideen geschieht, wird in der didaktischen Analyse der einzelnen Unterrichtsstunden erörtert. Hier sollen nur einige augenfällige Gesichtspunkte festgehalten werden: Die für die Boulevardpresse als repräsentativ ausgewählte BILD-Zeitung erreicht mit einer durchschnittlichen Ausgabe 10,45 Millionen Leser von 44,38 Millionen der Gesamtbevölkerung der Bundesrepublik Deutschland im Alter von 14 bis 70 Jahren (vgl. MAT 5). Weil sie

- ganz anders aufgemacht ist,
- weitaus mehr unterhaltende Inhalte bringt, deren politische Implikationen nur dem sehr gut informierten Zeitungsleser durchsichtig sind,
- und weil sie sich durch ihre Sprache von anderen Zeitungstypen grundsätzlich unterscheidet,

muß davon ausgegangen werden, daß sie

- die Lesegewohnheiten breiter Bevölkerungskreise,
- ihre gesellschaftspolitischen Vorstellungen und Denkmuster
- sowie ihr Sprachverhalten

entscheidend mitprägt.

Dies gilt besonders angesichts der Tatsache, daß von den regelmäßigen BILD-Lesern 3,4 Millionen keine andere Tageszeitung lesen (laut „Spiegel“ vom 25.9.1967, S.41).

2. Zum Aufbau der Unterrichtseinheit

Schon in den ersten beiden Stunden (Grundwissen über Zeitungen) wird Wert darauf gelegt, die Zeitung als Ware vorzustellen, die redaktionelle Inhalte primär deshalb vertreibt, um Inserate einholen zu können, aus denen sie 60–80% ihres Betriebskapitals gewinnt. Ein zweiter Schwerpunkt des Einstiegs liegt auf der Vermittlung grundlegender Faktenkenntnisse (Unterschied zwischen Zeitung und Zeitschrift; Unterschied der Typen von Zeitungen; Binnengliederung nach Sparten bzw. Rubriken; die Funktion unterschiedlicher Zeitungen; vorrangige Aufgaben von Zeitungen in einer parlamentarischen Demokratie; Unterscheidung zwischen publizistischen Gebrauchsformen und zwischen Information und Meinung.
Die 3. und 4. Stunde der Unterrichtseinheit befassen sich mit Aufmachung und Aufbau der Boulevardpresse. In diesem Stundenblock liegen die Akzente

- auf dem Verhältnis des redaktionellen Teils zum Inseratenteil
- auf den Kriterien, nach denen die Boulevardpresse strukturiert ist und im Zusammenhang damit auf ihrem publizistischen Selbstverständnis
- sowie auf lay out, Drucktechnik und Gliederung nach Rubriken (Verzicht auf Sparten) als Mittel, die Rezeption der Inhalte durch die Leser in bestimmter Weise zu beeinflussen.

Für die 5. Stunde ist eine Analyse von Funktion und Sprache der Schlagzeilen in der Boulevardpresse vorgesehen. Dabei stehen drei Gesichtspunkte im Vordergrund:

1. Die Funktion der Schlagzeilen in der Boulevardpresse soll durch den Vergleich mit Schlagzeilen aus überregionalen Abonnementzeitungen verdeutlicht werden.
2. Die Schlagzeilen sollen nach übergeordneten Kriterien, wie kommerzielle Werbung, Propagandasprache und Unterhaltung, klassifiziert werden.
3. Im Rahmen dieser Klassifizierung sind typische rhetorische Elemente der Boulevardpresse aufzuzeigen. Die Schlagzeilen eignen sich wegen ihrer Überschaubarkeit, mit ihnen die Untersuchung der Sprache in der Boulevardpresse zu beginnen.

Der nächste Stundenblock (6. und 7. Stunde) ist auf die Quantität der BILD-Leser, ihre soziale und bildungsmäßige Schichtung sowie auf Orte und Zeiten der BILD-Lektüre gerichtet. Dies sollte spätestens jetzt geschehen, weil man bei jeder Tageszeitung nicht zuletzt wegen des hohen Anteils an direkter und indirekter Werbung unterstellen muß, daß sie streng adressatenbezogen gestaltet wird. Aus zwei Gründen wurde das Thema „Leser der BILD-Zeitung“ bis zur 6. Stunde zurückgestellt:

1. Es scheint uns für Schüler der Mittelstufe leichter und motivierender zu sein, den Einstieg bei der unmittelbaren Anschauung des Objekts Zeitung zu suchen. Dazu gehören neben Aufmachung und Aufbau auch die Schlagzeilen.
2. Die Fakten zur sozialen und bildungsmäßigen Schichtung der Leser werfen schwierige Probleme der Einschätzung (mögliche Vorurteile und Diskriminierungen auf), mit denen wir die ersten Stunden noch nicht belasten wollten.

Der zweite Teil der Unterrichtseinheit befaßt sich exemplarisch mit den wichtigsten publizistischen Gebrauchsformen, mit der Nachricht und dem Kommentar. Außerdem wird im Hinblick auf die Boulevardpresse eine eingehende Behandlung der human interest story empfohlen, weil sie für diesen Zeitungstyp besonders charakteristisch ist und weil sie sich auch in den überregionalen Abonnementzeitungen so stark durchzusetzen beginnt, daß von einem Prinzip human interest in der Presse westlicher Demokratien überhaupt gesprochen werden kann. In der zweiten Hälfte der Unterrichtseinheit werden zwei Aspekte an Bedeutung gewinnen, die mit diesen Gebrauchsformen verbundenen Intentionen einerseits und die von ihnen ausgehenden Wirkungen andererseits.
Die 8. und 9. Stunde ist der wohl wichtigsten publizistischen Darbietungsform, der Nachricht, gewidmet, weil es nach unserem Verständnis die vornehmste Aufgabe der Publizisten in einer Demokratie sein muß, ihre Leser möglichst vollständig und möglichst objektiv zu informieren. Bei der Untersuchung von Nachrichten sollen vorrangig diese Ziele erreicht werden:

1. eine Definition des Begriffs zu versuchen;
2. Inhalte und Wirkung ausgewählter Nachrichten in der Boulevardpresse,
3. Probleme der Auswahl von Meldungen auf dem Übermittlungswege bis zum Leser,
4. im Zusammenhang mit 3. Varianten der Nachrichtenpolitik allgemein und
5. speziell die Nachrichtenpolitik in der BILD-Zeitung zu untersuchen.

An die Erörterung der Nachrichten kann sich in der 10. und 11. Stunde die Analyse der human interest stories als einer anderen Form des Berichtens anschließen. Schwerpunktartig sollen Begründungen für die starke Verbreitung und Beliebtheit von human interest stories in der Boulevardpresse gewonnen werden durch genaue Untersuchung der angebotenen Identifikationsfiguren, der Stoffe und Motive, des Aufbaus und der Sprache. In dieser Phase der Unterrichtseinheit werden die Ursachen für die Bedürfnisse der BILD-Leser nach human interest stories und die gesellschaftspolitischen Wirkungen dieser Gebrauchsform eine große Rolle spielen.
Die 12. und 13. Stunde, mit denen das Thema Presse im Deutschunterricht der Sekundarstufe I abgeschlossen werden kann, befassen sich mit dem Kommentar. Die Ansicht liegt uns fern, daß die Presse nur mit dieser Textsorte Meinung macht. Es ist aber wichtig einzuschätzen, wie die BILD-Zeitung Meinungsbil-

dung, Kritik und Kontrolle im Rahmen jener Rubrik auffaßt, die traditionell für diese Aufgaben vorgesehen ist. Zu diesem Zwecke sollen abschließend folgende Lernziele erarbeitet werden:

1. Welche Ansichten gelten allgemein über die Aufgaben eines Kommentars?
2. Welche Inhalte/Themen sind repräsentativ für die Kommentare in der BILD-Zeitung, und mit welchen Zielsetzungen werden sie verbreitet?
3. Durch welchen Aufbau und durch welche sprachlichen und drucktechnischen Mittel werden diese Ziele unterstützt?
4. Inwieweit können die Kommentare in der BILD-Zeitung zur Kritikfähigkeit gegenüber gesellschaftspolitischen Handlungen und damit zur Erziehung eines mündigen Bürgers beitragen?

3. Hinweise zum Gebrauch

Das Heft ist in drei Teile gegliedert:

1. Zu den einzelnen Stundenblöcken gibt es eine didaktische Analyse, die teilweise methodische Überlegungen einschließt.
2. Der Materialienteil ist primär zur Unterstützung der didaktischen Analyse vorgesehen, also für die Hand des Lehrers zusammengestellt. Bei leichten redaktionellen Änderungen, die nicht bei jedem Text erforderlich sind, können aber auch Schüler mit dem Material arbeiten. Auf den Stundenblättern wird jeweils angegeben, welche Materialientexte in den Stunden eingesetzt werden können. Auf genaue Angaben, in welcher Stundenphase welche Texte sinnvoll eingesetzt werden können, wurde verzichtet. Über den geeigneten Zeitpunkt des Einsatzes sollte der Lehrer selbst entscheiden, je nachdem, wie es die individuellen Lernvoraussetzungen der Schüler und der Unterrichtsverlauf erforderlich machen.
3. Der dritte Teil besteht aus den Stundenblättern. Es empfiehlt sich, vor deren Benützung die dazugehörigen didaktischen Analysen zu lesen. Dies ist insbesondere deshalb wichtig, weil die Stundenblätter den Lernzielzusammenhang nicht enthalten und die einzelnen Lernziele in den Einzelphasen der Stunde nur unvollständig ausgewiesen werden.

Die Strukturskizzen können bei entsprechendem Verlauf des Unterrichts teilweise als Tafelanschrieb übernommen werden, teilweise helfen sie nur dem Lehrer, sich die zu erarbeitenden Ergebnisse visualisiert vorzustellen, ohne daß er sie in dieser Form als Tafelbild verwenden muß.

Analyse des Lerngegenstandes

1./2. Stunde: Grundwissen über Zeitungen

Manche Schüler in der Mittelstufe haben noch keinerlei Erfahrungen im Umgang mit Zeitungen. Für diese müssen vor einer eingehenderen Untersuchung der Boulevardpresse (BP) grundsätzliche Einsichten über *Erscheinen* und *Funktion* von Zeitungen vermittelt werden. Dies wird mit folgenden Arbeitsaufträgen möglich, die in arbeitsteiliger Gruppenarbeit bearbeitet werden können:

- Was ist der Unterschied zwischen Zeitungen und Zeitschriften? (Zeitungen erscheinen täglich [Vorteil: größere Aktualität], Zeitschriften in größeren Zeitabständen)
- Welche Arten von Zeitungen gibt es? (Lokalzeitungen / überregionale Zeitungen; Abonnementzeitungen [AZ]/ Boulevardpresse [BP] bzw. Straßenverkaufspresse)
- Welche Merkmale haben diese Zeitungen gemeinsam? (Sie müssen in der Regel gewinnbringend verkauft werden. Sie sollen aktuell informieren.)
- Wodurch gewinnen Zeitungen ihr Betriebskapital? (In erster Linie durch Werbung in Form von Inseraten und zweitens durch Verkaufserlöse)
- Wodurch kann eine Zeitung zusammengehörige Inhalte übersichtlich anbieten? (Gliederung nach Sparten)
- Welche Möglichkeiten hat eine Zeitung, ihren Lesern die Unterscheidung und Überprüfung von Informationen einerseits und Meinung andererseits zu erleichtern? (Trennung von Nachrichten / Meldungen und Meinung [Kommentar, Leitartikel, Glosse])
- Welche Aufgaben sollen Zeitungen in einer parlamentarischen Demokratie wie der Bundesrepublik Deutschland erfüllen? (Information, Meinungsbildung, Unterhaltung, Kontrolle)
- Welche Aufgaben kann eine Zeitung verstärkt wahrnehmen, wenn der Gedanke der Gewinnsteigerung nicht allein maßgebend ist? (Meinungsbildung im Sinne kritischer Kontrolle der Entscheidungen gewählter Gremien und Politiker)

3./4. Stunde: Aufmachung und Aufbau der Boulevardpresse

Wenn man sich mit Zeitungen in der Schule befaßt, empfiehlt es sich, deren Aufmachung und Aufbau allgemein sorgfältig zu erarbeiten. Dafür sprechen mehrere Gründe:

- Die Schüler sollen so einen Überblick über die redaktionellen Inhalte und den quantitativen Anteil der Werbung in Zeitungen gewinnen.
- Den Schülern wird nahegelegt, über das Verhältnis des redaktionellen Teils und des Anzeigenteils zueinander nachzudenken.
- Es wird deutlich, welche Informationen und Werbeinhalte die Zeitung

dem Leser durch ihre Präsentation besonders nahelegen will.

- Es wird transparent, nach welchen Kriterien die Zeitungen die Vielfalt der eingegangenen Nachrichten/Meldungen und Inserate ordnen.
- Es wird einsichtig, wie sich die analysierten Zeitungstypen im Vergleich zu anderen Zeitungen verstehen.
- Aufmachung (drucktechnische Hervorhebung, Position einzelner Artikel, Anordnung von Fotos und Werbung) sowie der Aufbau (Makrostruktur der Zeitung nach Ressorts bzw. Sparten) beeinflussen nachhaltig die Rezeption des Inhalts einzelner Artikel durch den Leser.
- Der Verzicht auf traditionelle Ressortaufteilung in der BP und die Auswirkung auf die redaktionellen Inhalte können von den Schülern überblickt und begriffen werden.

Durch den von uns gewählten Einstieg wollen wir in *Gruppenarbeit* durch den *Vergleich* traditionell aufgemachter überregionaler AZ mit der BP folgende grundlegende Einsichten, insbesondere im Hinblick auf die Boulevardpresse (BP), erarbeiten lassen:

□ Durch Inserate erhalten Zeitungen den wesentlichen Teil ihres Betriebskapitals (60–80%). Dadurch ergibt sich eine Verflechtung der Interessen von Presse und Inserenten, meistens sogar eine Abhängigkeit der Presse von finanzstarken Inserenten. (Vgl. MAT 1)

□ Die BP als Straßenverkaufszeitung weist im Gegensatz zu überregionalen Abonnementzeitungen (AZ), z.B. FAZ, FR, keine feste Einteilung nach Sparten auf. Da sie die Mehrheit ihrer Leser zum Kauf auf der Straße animieren muß, wird das nach Meinung der Journalisten jeweils Sensationellste auf der Titelseite präsentiert. Dies gilt insbesondere für die auf den ersten Blick sichtbare obere Hälfte der Vorderseite. Die BP wird häufiger als die AZ am Arbeitsplatz, in öffentlichen Verkehrsmitteln sowie in Lokalen gelesen, d.h. flüchtig überflogen. Trotzdem will sie den Eindruck umfassender Information vermitteln. Diesem Ziel entsprechend mischt sie auf den Außen-, aber auch auf den Innenseiten die redaktionellen Inhalte in Kurzartikeln weitgehend ohne ein gleichbleibendes ordnendes Raster, damit der Leser angesichts der Vielfalt des Angeschnittenen annimmt, nichts Wichtiges werde ausgelassen.
Für die Plazierung der Inhalte auf den Außenseiten ist die Sensationshaltigkeit entscheidend. Auch politische Inhalte können den Aufmacher der Titelseite abgeben. Nur müssen sie sich entsprechend verkaufswirksam darstellen lassen. Man könnte diesen Ausführungen entgegenhalten, es gäbe in der BP zwar nicht die traditionellen Sparten, aber *Rubriken*. Die Kästen, die einzelne Artikel umrahmen, sollen jedoch nicht die Vermischung der Inhalte aufheben, sondern dafür sorgen, daß sich trotz der nebeneinanderstehenden inhaltlich disparaten Artikel eine Illusion von Ordnung einstellt.

□ Auf den Innenseiten wird, abgesehen von zeitlich begrenzten Serien, nur noch der Sportteil als zusammenhängende Sparte dargeboten. Das ist durch den hohen Unterhaltungs- und Sensationsgehalt dieses Stoffbereichs bedingt. Zudem werden Sportthemen auf der Titelseite ohnehin berücksichtigt. Insgesamt hat sich also das Prinzip der Zerschlagung von Ressorts zugunsten der Mischung von sensationeller Unterhaltung in der BP durchgesetzt. (Mittelberg 1967, S. 144)

□ Obwohl grundsätzlich alle Artikel „anreißerisch" aufgemacht sind, werden typographische Gestaltungsmittel zur besonderen Hervorhebung verwendet: Riesenlettern für die Schlagzeile, vornehmlich für die Hauptschlagzeile, den sogenannten Aufmacher; rote Unterstreichungen; Fettdruck; akzentuierende Schwarzdruckpunkte vor einzelnen Zeilen; starke Variierung der Zeilenabstände; Umrahmungen durch Kästen. Kurz, es handelt sich um nachdrückliche graphische Ordnung und Akzentuierung der offensichtlich völlig ungeordneten Inhalte.

□ Die Fotos, meistens von Einzelpersonen, stellen Pin-up-girls, gesellschaftliche Prominenz, z.B. Film- und Sportstars, sowie bekannte Politiker dar. Es kann sich aber auch um Normalbürger handeln, im Jargon der BILD-Zeitung um ‚Menschen wie du und ich'. Vorwiegend präsentieren die Fotos Identifikationsfiguren. Sie stellen aber auch Menschen dar, z.B. Kriminelle, auf die der Leser seine Aggressionen richten kann. Insgesamt verstärken die Fotos zunächst den Kauf- und Leseappell, darüber hinaus die redaktionellen oder werbenden Aussagen.

Summary: Aufmachung und Aufbau verdeutlichen, daß der BP an der Ordnung der redaktionellen Inhalte nach Sparten zum Zwecke eines Überblicks über aktuelle gesellschaftspolitisch relevante Informationen wenig gelegen ist. Entscheidend sind folgende Kriterien: Kaufanreiz, Leseappell, Unterhaltung, Suggestion umfassender Information, optimale Werbung.

5. Stunde: Funktion und Sprache der Schlagzeilen

1. Funktion von Schlagzeilen in AZ

Schlagzeilen sind gleichsam die Aushängeschilder einer Zeitung. An ihrem Inhalt und ihrer Sprache wird das Selbstverständnis eines Blattes besonders deutlich. Unsere Ausführungen über die Funktion von Schlagzeilen allgemein sollen einsichtig machen, weshalb sie in dieser Unterrichtssequenz eine gewichtige Rolle spielen. Durch die Praxis überregionaler und regionaler AZ hat sich folgende Erwartungshaltung zur Aufgabe von Schlagzeilen eingespielt:

- Im Sinne der allgemeinen Informationsfunktion der Presse haben sie zu informieren, eine Orientierung über das gesamte Leseangebot zu geben und Inhalte von Artikeln zusammenzufassen.
- Da jede AZ als Ware auch in der Öffentlichkeit vertrieben wird, müssen Schlagzeilen einen Anreiz zum Kauf und zum Lesen der Artikel ausüben. Sie stellen also einen ersten Kontakt zum Käufer her und müssen folglich dessen Bedürfnisse berücksichtigen.

In der Zusammenfassung erscheinen Appell und Information als die hauptsächlichen Funktionen der Schlagzeilen.

2. Schlagzeilen und Inhalte in der BP

Um sich ein Bild über die Aufgaben der Schlagzeilen in der BP zu machen, empfiehlt es sich, zunächst festzustellen, welche Inhalte durch sie angesprochen werden. Es handelt sich um disparate, geradezu verquer liegende Inhalte, die vorspiegeln, sie gäben „ein unmittelbares Abbild der Realität" (BILD-Zeitung, Qualitative Analyse, 1966, S. 179). Unfälle, Katastrophen, Politik, Verbrechen, Sport, Mode, Film, Familie, Wetter, Gesellschaft, um nur einige Inhaltsbereiche zu nennen, ergeben in ihrer Mischung ein verwirrendes, buntes, aufregendes Kaleidoskop.

Die Wirkung dieser zu Schlagzeilen komprimierten Inhalte läßt sich auf folgende Faustregel bringen: Spannung, Erregung, Rührseligkeit, Amüsement, Zerstreuung, Suggestion.

3. Sprache der Schlagzeilen in der Boulevardpresse

Gerade für die Schlagzeilen der BP trifft es zu, daß sie „wie ein Lasso um den Hals des Lesers" wirken sollen. Dieser Effekt tritt allein durch die angesprochenen Inhalte nicht ein. Er muß durch rhetorische Mittel erreicht werden oder durch eine Sprache, die auf den ersten Blick unkompliziert erscheint, in Wirklichkeit aber kalkuliert ist wie die Sprache von Werbeslogans. Vor dem Versuch, die Sprache der SZ zu klassifizieren, seien einige besonders typische stilistische Merkmale erwähnt: schockierende Antithesen; willenbildende Imperative mit der Tendenz, Handlungen auszulösen; Affekte stimulierende Superlative; plastische, sinnfällige Bilder, Vergleiche, Metaphern; sensationelle, beunruhigende, an den einzelnen Käufer gerichtete Fragen; Wir-Stil, der den Leser glauben läßt, sich in einer Masse Gleichgesinnter zu befinden; Anspielungen auf Bekanntes allgemein, z. B. auf bekannte Schlager, die zugleich Vertrautheit herstellen und Neugierde wecken; Begriffe, die Skandal und Sensation suggerieren, die gleichzeitig kaufanregend sind und den Eindruck erzeugen, die Zeitung werde ihrer Kontroll- und Kritikfunktion gerecht (vgl. Glotz/Langenbucher 1969, S. 28ff.); Umgangssprache, die den Leser glauben läßt, die Zeitung spreche seine Sprache und nehme sich seiner Probleme an; affektentladende Ausrufe; Überschriftentelegramme, die die ohnehin sehr kurzen Artikel auf Restinformationen reduzieren, aber den Lesern ersparen, diese Miniartikel noch zu lesen.

Folgende Kriterien können helfen, die Sprache der SZ in der BP zu ordnen:

□ Da die Schlagzeilensprache in erster Linie zum Kauf anregen soll, ist sie weitgehend vergleichbar und identisch mit der *Sprache der kommerziellen Werbung*. Einige Beispiele mögen als Beleg dafür ausreichen. Straßenverkaufspresse und kommerzielle Werbung bedienen sich der Umgangssprache, die eine vertraute Atmosphäre stiften und Sprachbarrieren abbauen soll. In beiden Fällen fesseln Schlüsselwörter als Signale die Aufmerksamkeit des Lesers. Einfache und kurze sowie unvollständige Sätze (Nähe der Schlagzeile zum

Slogan) gestalten die Sprache überschaubar, leicht verständlich, einprägsam und suggestiv. Wenn wir wie bei der kommerziellen Werbung die Artikel und die Inserate in der BP als die Ware auffassen, auf die die Schlagzeilen hinlenken sollen, so leisten in beiden Fällen der Imperativ, die Frage, die Antithese, die direkte Anrede, das Wortspiel und die Anspielung den gleichen Dienst.

□ Die Sprache der Schlagzeile in der BP tritt teilweise als *Propagandasprache* auf. Charakteristisch für Propaganda ist der Versuch, die Meinungen, Wertschätzungen, Denkrichtungen, Verhaltensweisen großer Menschenmengen vorzugsweise durch den Appell an Emotionen zu beeinflussen. Weitere Merkmale der Propaganda sind: Engagement in kontroversen Fragen, zielgerichtete, bewußte Strategie und Beeinflussung in verschiedenen Bereichen der Öffentlichkeit (politischer, wirtschaftlicher, kultureller, religiöser). Wir verstehen unter Propaganda im Vergleich zur kommerziellen Werbung eher die Verbreitung von Ideen, Ideologemen und Ideologien anstelle von Waren und Dienstleistungen, wissen aber, daß der Unterschied verschwimmt angesichts der Überlegung, daß in dem von Propaganda geschaffenen Umfeld bestimmte Waren besonders gut absetzbar sind. (Vgl. Mittelberg, Propagandasprache 1979). Daß die Meinungsbildung in der BILD-Zeitung nicht selten bis zur Propaganda reicht, hat seinen besonderen Grund in dem politischen Engagement aller Springer-Publikationen für acht Themenkomplexe:

„1. Es ist an der Zeit, das Verhältnis zur Vergangenheit zu revidieren.
2. Die Bundesrepublik bedarf eines neuen Machtbewußtseins.
3. Das Volk braucht Glauben und Halt.
4. Intellektuelle und Linke zersetzen die Nation.
5. Die Demokratie ist kein Selbstzweck.
6. Politik läßt sich nicht rational betreiben, sie ist etwas Elementares.
7. Die Revision der Grenzen beruht auf Recht und ist nur eine Frage der Zeit.
8. Die deutsche Wunde muß offengehalten werden, mit dem Todfeind Kommunismus gibt es keine Entspannung." (Müller, H.D. 1968, S. 279ff.)

Die Punkte 3, 4, 6 und 8 vertritt die BILD-Zeitung mit nahezu missionarischem Eifer, für den sich in der hauseigenen Qualitativen Analyse der BILD-Zeitung, Hamburg 1966, eine Erklärung findet.

„In einer verworrenen, undurchsichtigen, nicht verstehbaren Welt benötigen sie (die Menschen, E.M.) die Hilfe der Zeitung. Diese fühlt sich aber offensichtlich imstande, die so komplizierten Lebensverhältnisse zu entschlüsseln und dem Leser als Dienstleistung die eigenen Informationen und Einsichten mitzuteilen. Zudem ist BILD als ‚Berichter und Richter' im Besitz der Wahrheit. ... ‚Die Leser sind auf den täglichen Appell einer Zeitung angewiesen, die angesichts einer dem individuellen Bewußtsein oft unfaßbaren Welt kurz und bündig sagt, wie der Hase läuft.'" (Zoll/Hennig 1970, S. 172)

Als *Instrumente der Propaganda* erscheinen in den Überschriften der BP vor allem diese *rhetorischen Mittel:* meinungmachende Imperative und rhetorische Fragen; wertende, Emotionen aktivierende Adjektive; Substantive als „Wertungsbegriffe“, die eine „bestimmte Gefühlslage vermitteln“; Modalverben (sollen, wollen, dürfen, müssen), die sich „– mindestens tendenziell – überall dort auffinden lassen, wo Herrschaft von Menschen über Menschen angestrebt und praktiziert wird“ (Karsch 1966, S.228); hyperbolische Bilder, die von vornherein den kontrollierenden Verstand ausschalten sollen; Antithesen, die mit der gleichen Zielsetzung schwarz-weiß malen.

□ Neben der kommerziellen Werbung und Propaganda ist für die Sprache der Schlagzeile in der BP noch die Funktion der *Unterhaltung* typisch. Hier wären folgende sprachliche Mittel zu nennen, die selbstverständlich immer auch kommerziell werben sollen: anschauliche Umgangssprache, die eher zur Zerstreuung als zur Anregung von Denken bestimmt ist; volkstümliche Bilder und Vergleiche; Anspielungen und Wortspiele, die amüsieren sollen; Modewörter, die dem Leser das Gefühl geben, ‚in‘ zu sein; witzelnde Alliterationen.
Soweit die Sprache der Schlagzeile unterhält, kann man ihre Wirkung so zusammenfassen: rücksichtslos vereinfachende Sprache, die ihre Stoffe direkt, drastisch, problemlos darbietet, um den Leser, in diesem Falle Konsumenten, an Sensationen und Kuriositäten „naschen“ zu lassen. Diese Sprache zerstreut zwar, aber sie entspannt nicht, da sie so stark appellieren muß, daß der zu der Schlagzeile gehörende Artikel gelesen wird.

4. *Drucktechnische und graphische Mittel*

Da sie in der ersten Stunde bei der Besprechung der äußeren Aufmachung schon erwähnt wurden, werden sie hier nicht noch einmal aufgeführt. Sie werden insbesondere zur Intensivierung der Schlagzeile eingesetzt, obwohl diese allein von der Größe der Drucktypen her im Vergleich zu AZ schon überdimensioniert sind. Es kommt vor, daß die Hauptschlagzeile, der sogenannte Aufmacher, in einer Höhe bis zu 10 cm ein Viertel der Vorderseite beansprucht.
Die Massierung der typographischen Mittel in der BP hängt mit der anreißerischen Präsentation der Straßenverkaufspresse zusammen. Sie veranlaßte einen Zeitungswissenschaftler zu der Formulierung: „Die Schlagzeile mit dem Holzhammer“. Es lohnt sich, die Schüler darüber nachdenken zu lassen, welche Stimulantien für einen ständigen Leser der BILD-Zeitung entfallen, wenn er ein Buch lesen will.

Summary: Aufmachung und Aufbau verdeutlichen, daß der BP an der Ordnung der redaktionellen Inhalte nach Sparten zum Zweck eines Überblicks über aktuelle gesellschaftspolitisch relevante Informationen wenig gelegen ist. Entscheidend sind folgende Kriterien: Kaufanreiz, Leseappell, Unterhaltung, Suggestion umfassender Information, optimale Werbung.

6./7. Stunde: Die Leser der BILD-Zeitung

1. Wieviel Bundesdeutsche lesen BILD?

Die Tabelle im Anhang (MAT 5), die die Leserschaft der BILD-Zeitung genauer aufschlüsselt, gibt auch Auskunft über die Verbreitung und die Leserzahl einer durchschnittlichen Ausgabe der BILD-Zeitung. Die Zahlen der Tabelle stammen aus dem Jahre 1976; erst nach Fertigstellung des Manuskripts wurden dem Verfasser auch neueste Zahlen aus dem Jahre 1979 zugänglich. Aus zeitlichen Gründen war es nicht mehr möglich, dieses ganz aktuelle Material in den Anhang aufzunehmen. Nur der Textteil konnte noch auf den neuesten Stand gebracht werden. Der Entschluß fiel um so leichter, als die jüngsten Zahlen die Trends von 1976 weitgehend bestätigen und gegenläufige Tendenzen nirgends sichtbar werden.

Überdies hat das Material von 1976 einen Vorteil: es ist für Schüler leichter überschaubar, weil besser aufbereitet.

Die Auflagenstärke der BILD-Zeitung hat in den Jahren von 1976 bis 1979 zugenommen. Lasen 1976 10,45 Mio. die BILD-Zeitung, so lag die Zahl 1979 bei 11,87 Mio. Da die gesamte Reichweite einer werktäglichen Ausgabe 1979 26% beträgt, zählt jeder vierte Bundesbürger zu den Lesern des Blattes.

Bemerkenswert in diesem Zusammenhang ist nicht nur die Zahl der BILD-Zeitung-Leser, sondern auch, wie viele Personen ausschließlich BILD-Zeitung lesen. Zahlenangaben darüber fehlen in der Media-Analyse von 1976 als auch von 1979. Die folgenden Zahlen stammen aus den sechziger Jahren; es dürfte aber anzunehmen sein, daß sich die Relation, die daraus abzulesen ist, nicht wesentlich verändert hat.

Von den regelmäßigen Lesern der BILD-Zeitung sind 3,4 Mio. Exklusivleser, d.h., sie lesen keine andere Tageszeitung als die BILD-Zeitung (laut „Spiegel“ vom 25.9.1967, S.41). Dies sollte man in Verbindung mit der Tatsache sehen, daß von je 100 erwachsenen Bundesbürgern 21 keine Tageszeitung lesen („Spiegel“, 25.9.1967, S.50). Das heißt, daß zu 20% Bundesbürgern, die überhaupt keine Tageszeitung lesen, noch rund 8% zu addieren sind, die ihre Informationen nur aus der BILD-Zeitung beziehen.

Aus den bisherigen Ausführungen ergeben sich vorläufig folgende didaktische Konsequenzen:

- ☐ Die Schüler sollen z.B. aus den ihnen zugänglichen Prozentzahlen der Media-Analyse (1976) entnehmen, daß fast jeder 4. Bundesbürger ab 14 Jahren die BILD-Zeitung regelmäßig liest, daß etwa jeder zweite zum weitesten Leserkreis gehört.

- ☐ Sie sollen sich klar machen, daß für die 3,4 Mio. Exklusivleser eine Kontrolle der durch die BILD-Zeitung vermittelten Informationen nur durch die Nachrichtensendungen des Rundfunks und Fernsehens geleistet werden kann, falls diese empfangen werden.

- ☐ Sie sollen darüber nachdenken, welches Verhältnis sich zwischen einer so stark verbreiteten Tageszeitung und ihren Inserenten entwickeln muß, daß nämlich die Abhängigkeit von den Inserenten bei weitem nicht so groß sein kann wie bei einer Zeitung, die eine bedeutend geringere Leserzahl hat. (Zum Vergleich: Die FAZ wird mit einer Reichweite von 2,1% = 0,91 Mio. von 44,38 Mio. Gesamtbevölkerung nur von jedem 45. Bundesbürger gelesen.) Die Behauptung scheint nicht übertrieben, daß sich die BILD-Zeitung bei ihrer Reichweite die Inserenten aussuchen kann.

2. Wer liest BILD?

Zur Beantwortung dieser Frage stützen wir uns wiederum auf die Media-Analyse der Media-Micro-Census GmbH von 1979. Ältere Analysen, so z.B. die vom Springer-Verlag herausgegebene „Qualitative Analyse 1965", Hamburg 1966, arbeiteten noch mit dem leicht überschaubaren Schichtenmodell, das in den neueren Untersuchungen der Media-Analyse AG nicht benutzt wird. Wir konzentrieren uns deshalb auf Angaben über Berufsgruppen, die ähnliche Folgerungen zulassen. Dabei fällt der hohe Anteil von Arbeitern an der Leserschaft auf, und zwar erreicht die Zeitung 32% Facharbeiter und 20% sonstige Arbeiter. Das scheint die Annahme zu bestätigen, man könne die BILD-Zeitung – wie das in zahlreichen älteren Publikationen geschehen ist – als Blatt des „kleinen Mannes" apostrophieren. Bekräftigt wird diese Annahme auch durch die nur 4% leitenden Angestellten und Beamten unter den Lesern, eine Zahl, die gegenüber den Angaben der „Qualitativen Analyse 1965" konstant geblieben ist. Inzwischen lesen jedoch laut Media-Analyse 1979 33% sonstige Angestellte und Beamte sowie 7% kleine und mittlere Selbständige BILD. Die „Qualitative Analyse 1965", die mit etwas anderen Begriffen arbeitete, zählte 23% Beamte und Angestellte in der BILD-Leserschaft. Trotz der nicht ganz identischen Begrifflichkeit liegt die Schlußfolgerung nahe, daß die BILD-Zeitung zunehmend auch von Berufsgruppen mit höherem sozialen Prestige gelesen wird. Wie erklärt sich das Eindringen des Blattes in höhere Sozialschichten? Eine mögliche Erklärung – die allerdings noch des Beweises bedürfte – wäre, daß das Darstellungsprinzip des human interest, das diese Zeitung verfolgt und das in der Presse westlicher Demokratien zunehmend Verbreitung findet, es der Boulevardpresse erlaubt, neue Leserschichten zu gewinnen. Wir verstehen unter dem Prinzip human interest – hier in aller Kürze formuliert – eine grundsätzliche Aufbereitung aller Stoffe, einschließlich der politischen, unter dem Unterhaltungsaspekt. Den journalistischen Aufhänger bilden dabei häufig Einzelschicksale. Eine differenziertere Darlegung zu diesem Darstellungsprinzip findet sich unter der Überschrift „10./11. Stunde: Die human interest story".

Die noch zu beweisende Annahme, daß die BILD-Zeitung ihrer Informationspflicht, Kritik- und Kontrollfunktion – vorsichtig formuliert – nicht ausreichend gerecht wird, wird besonders wichtig angesichts der Schulbildung der BILD-Leser.

Wir können bei dem folgenden als gegeben annehmen, daß es in der Hauptschule besonders schwierig ist, Schüler über die Funktion der Presse in einer westlichen Demokratie aufzuklären und sie gegen negative Einflüsse der Presse durch Weglassen von Informationen und sonstige Manipulationen zu wappnen.

Es lesen laut Media-Micro-Census 1979 immerhin 32% Volksschüler ohne Lehre und 44% Volksschüler mit Lehre die BILD-Zeitung. 20% der BILD-Leser haben eine weiterführende Schule ohne Abitur besucht, und nur 4% haben das Abitur abgelegt und Hochschul- bzw. Universitätsausbildung. Auffallend ist jedoch, daß gegenüber den Angaben von 1965 (Qualitative Analyse) der Anteil der Abiturienten sowie der Hochschul- bzw. Universitätsabsolventen auf 4%, also auf das Doppelte, gesteigert werden konnte.

Es ist problematisch, diese Informationen didaktisch auszuwerten, weil sie bei dem jetzigen Stand der Unterrichtsreihe zu Vorurteilen gegenüber der BILD-Zeitung, aber auch zu Vorurteilen und Diskriminierungen gegenüber ihren Lesern führen können. Andererseits aber bleiben alle weiteren Informationen über eine Zeitung ohne eine demographische Aufschlüsselung ihrer Leserschaft beziehungslos und verleiten ebenfalls zu Mißdeutungen. Wir schlagen deshalb vor, daß sich die Schüler nur Fragen zu der Aufschlüsselung der BILD-Leser notieren, die dann vorurteilsfreier beantwortet werden können, wenn sie mehr über die Informationsweitergabe und die Techniken der Meinungslenkung dieser Zeitung wissen.

Solche Fragen können z.B. lauten:

- Weshalb steigt der Anteil von Berufsgruppen mit höherem sozialen Ansehen unter den BILD-Lesern?
- Weshalb erreicht die BILD-Zeitung nur einen geringen Prozentsatz von Lesern mit höherer Schulbildung und nur jeden 25. Leser von denen, die Abitur haben bzw. eine Hochschule besucht haben?
- Warum kommt die BILD-Zeitung bei einem so hohen Prozentanteil von Hauptschülern so gut an?
- Weshalb liest etwa jeder zweite Arbeiter und Facharbeiter dieses Blatt?

3. *Wann und wo wird BILD gelesen?*

Untersuchungen haben ergeben, daß anspruchsvolle Abonnementzeitungen wie die Frankfurter Rundschau, die Süddeutsche Zeitung oder die Frankfurter Allgemeine Zeitung kaum in öffentlichen Verkehrsmitteln oder am Arbeitsplatz gelesen werden (können). Sie sind, bestimmt durch die Arbeitszeit ihrer Leser, entweder Morgen- oder Abendzeitungen. Die „Qualitative Analyse“ weist hingegen statistisch nach, daß die BILD-Zeitung auch relativ häufig in Verkehrsmitteln und am Arbeitsplatz konsumiert wird (S. 51f.) und daß sie über den ganzen Tag hinweg gelesen wird (S. 48): „BILD bietet eine Lektüre, die weniger an bestimmte Zeiten, Orte und Stimmungen gebunden zu sein scheint, sie ist vielmehr den ganzen Tag aktuell.“ (S. 47)

Diese Feststellungen aus dem Jahre 1965 dürften immer noch gültig sein, da sich bekanntlich Lesegewohnheiten von Zeitungslesern nur sehr langsam ändern.

Daraus können die Schüler z.B. folgern:

1. Die Zeitung bietet einen hohen Marktwert für Inserenten.
2. Lay out, Inhalte und Sprache müssen sehr stark zum Lesen anreizen.

3. Inhalte und Sprache müssen sehr einfach sein, so daß sie noch in Ermüdungsphasen oder unter ungünstigen Lesebedingungen zur Lektüre herausfordern.
4. Die Informationen werden auch in Situationen zur Kenntnis genommen, die wenig Zeit und Kraft zum Nachdenken darüber lassen.

8./9. Stunde: Nachrichten in der Boulevardpresse

1. Definition von Nachrichten in den Massenmedien

Obwohl Nachrichten die wichtigste journalistische Darbietungsform sind, ist es schwierig, sie zu definieren. Bei seiner Entstehung im 17. Jahrhundert war der Begriff Nachricht noch relativ eindeutig. Das Wort bezeichnet anstelle des nhd. Nachrichtung zunächst „das, wonach man sich zu richten hatte". Nach einer Bedeutungserweiterung steht Nachricht heute synonym für Information, Mitteilung, Hinweis oder Meldung.

Die nachstehenden Merkmale kennzeichnen nach heutigem Verständnis eine Nachricht:

- Nachrichten vermitteln *aktuelle* Tatsachen, die für die Orientierung und das praktische Verhalten von einzelnen, von Gruppen und der Gesamtgesellschaft wichtig sind. Für die Presse sind nur solche Meldungen interessant, die auf das Interesse größerer Teile der Öffentlichkeit stoßen.
- *Nutzwert* für den Empfänger ist ein weiteres Kriterium der Nachricht. Es bezieht sich jedoch nicht nur auf politische und wirtschaftliche Informationen, sondern auch auf unterhaltende Meldungen, die in der BP ein besonderes Gewicht haben.
- Jede Tageszeitung kauft einen mehr oder weniger großen Teil ihrer Nachrichten von Agenturen. Die Nachricht ist also eine *Ware,* die schnell verderblich ist, weil sie aktuell sein muß.
- Aus der Forderung nach Neuigkeit ergibt sich die Notwendigkeit *sofortiger und schneller Übermittlung* durch Telegramm, Telefon, Funk, Nachrichtensatelliten, Fernschreiber etc.
- Da Nachrichten von der Quelle bis zum Leser mehrere Stationen durchlaufen müssen (s. 3. Probleme der Auswahl), muß mit *technischen Fehlern* oder *subjektiven Einfärbungen* gerechnet werden.
- Die *Verbreitung* von Nachrichten ist fast immer ein *nachrichtenpolitischer Akt,* gleichgültig, ob dies den Journalisten bewußt ist oder nicht. Dies folgert aus der Tatsache, daß Kunden einer Agentur, wie z. B. der dpa, nur 1 % der eingegangenen Nachrichten erhalten und diese allein schon aus Platzgründen vor der Veröffentlichung noch einmal filtern müssen. (Vgl. Steffens 1969, S. 29) Direkte Nachrichtenpolitik liegt dann vor, wenn die Selektion der Meldungen nach Kriterien erfolgt, die dem Leser nicht durchsichtig sind, und wenn die selektierten Nachrichten durch Plazierung, Aufmachung, Bildmaterial etc. stärker akzentuiert werden als

andere, bzw. wenn Nachrichten bewußt unterschlagen werden.

- Nachrichten zählen deshalb zu den *journalistischen Stilformen,* weil ihre Aufmachung und ihr Stil nach bestimmten Regeln gestaltet werden. (Diese Definition stützt sich im wesentlichen auf K. Koszyk und K. H. Pruys: Wörterbuch zur Publizistik, 1969, und E. Noelle-Neumann/W. Schulz [Hrsg.]: Das Fischer-Lexikon Publizistik, 1971.)

2. *Was beinhalten Nachrichten in der BP?*

Unter der Überschrift ‚Nachrichten' bringt die BILD-Zeitung Meldungen, die in der Regel nicht mehr als fünf Zeilen betragen. Auf den ersten Blick sind sie von einer so verwirrenden inhaltlichen Vielfalt, daß es kaum möglich erscheint, sie zu ordnen. Es liegt nahe, die Variabilität der Themen mit zwei Beweggründen zu erklären:

1. So wird der Eindruck erzeugt, die BILD-Zeitung erfasse die Realität in ihrer Totalität.

2. Die divergierenden *Kurz*meldungen auf engstem Raum veranlassen zu einem raschen Lesetempo. Da die Ursachen des Gemeldeten, wenn überhaupt, nur sehr oberflächlich aufgeführt werden, setzen sie sich im Unterbewußtsein des Lesers als zusammenhanglose Geschehnisse ab. Die so gespiegelte Welt erscheint aufregend, sensationell, teilweise sogar skurril. Gesellschaftspolitische Meldungen, eingebettet z.B. in Kuriosa und Katastrophen, wirken eher als Einzelgeschehnisse denn als Ergebnisse von Kausalzusammenhängen, die rational überprüfbar und veränderbar sind.

Der Versuch, die Meldungen zu klassifizieren, ergibt einige dominante inhaltliche Bereiche, die zeigen, worauf das auf Sensationen konditionierte Interesse der Leser gelenkt wird. Im Vordergrund stehen Personalia, z.B. Meldungen über Filmstars, Adel und Prominenz aus Politik und Sport. Es handelt sich um verkürzte human interest stories, die eine Flucht aus den eigenen Alltagsproblemen in eine Scheinwelt erlauben (s. human interest stories). Meldungen über Verbrechen, sogenannte Grusicals, über Naturkatastrophen, Verkehrsunfälle, Spionage und Todesnachrichten werden durch die Klammer der Angsterzeugung verbunden. Dem stehen Meldungen gegenüber, die als Lebenshilfe eher beruhigen, z.B. karitative Handlungen gegenüber Alten, Rentnern und einsamen Menschen, praktische Tips zur Gesunderhaltung. Einen breiten Raum nehmen sensationelle Sportnachrichten ein. Nachrichten aus der Wirtschaft informieren über Preiserhöhungen und Preissenkungen, Produktion, Aufträge, Börsennachrichten, Streitobjekte der Tarifpartner, Konkurse. Seit in Bonn die sozial-liberale Koalition regiert, scheinen negative Nachrichten aus dem Wirtschaftsbereich, die verunsichern sollen, zu überwiegen. Aus dem bereits früher dargestellten Selbstverständnis der Zeitung erklären sich Meldungen mit antikommunistischer Tendenz, insbesondere kritische gegenüber der DDR und gegenüber dem ultralinken Spektrum in der Bundesrepublik Deutschland. Meldungen über die Technik, z.B. über die Autobranche, sind mit dem thematischen Komplex „Rekorde" verwandt. Hier geht es darum, extreme Abweichungen von der Norm sensationell herauszustellen. Die hier dargestellten Themenbereiche sind typisch, erheben aber keinen Anspruch auf Vollständigkeit.

Sehr wichtig ist die Einsicht, daß die unter der Überschrift „Nachrichten" gebrachten Meldungen und die, die in Form von human interest stories und Reportagen präsentiert werden, sowie jene, die als Berichte zwischen diesen drei Darbietungsformen anzusiedeln sind, sich in Aufmachung, Stil und Inhalt sehr gleichen. Folglich hat die Rubrik „Nachrichten" anscheinend nur die Funktion, die Einhaltung der Trennung von Nachricht und Kommentar zu suggerieren.

3. Probleme der Auswahl

Dieser Aspekt wird hier nicht ausgeführt, weil wir auf den gleichnamigen Artikel im Materialienteil verweisen können. Es empfiehlt sich, wegen der Wichtigkeit dieses Themas die dort abgedruckten Überlegungen den Schülern unmittelbar als Material zugänglich zu machen. Wir beschränken uns hier darauf, nur die Lernziele zu erwähnen, die aus den Darlegungen folgern. Die Schüler sollen lernen,

- welchem Selektierungsvorgang Nachrichten auf dem Vermittlungswege von der Quelle bis zum Leser unterworfen sind,
- nach welchen Kriterien Redaktionen in westlichen Demokratien Nachrichten auswählen,
- welche dieser Kriterien insbesondere für die BP gelten,
- daß die Macht und/oder die subjektive Sicht einzelner Institutionen und Personen die Auswahl und Anordnung von Nachrichten beeinflussen können (z.B. Inserenten, Auslandskorrespondenten, Verleger, Chefredakteure),
- daß nicht nur politische, sondern auch wirtschaftliche Gründe zu Nachrichtenmängeln bzw. zu einseitigem Nachrichtenangebot führen können (z.B. Verzicht auf Auslandskorrespondenten und Beschränkung auf Agenturmeldungen),
- daß der Zeitungsleser aus seiner speziellen Interessenlage heraus (spezifische Interessen für bestimmte Themen, Entspannungsbedürfnis, Bedürfnis nach Bestätigung schon gefaßter Urteile) aus den bereits selektierten Nachrichten noch einmal eine Auswahl trifft.

4. Nachrichtenpolitik

Mit diesem Begriff sind die Methoden gemeint, die Tageszeitungen benutzen, um die Meinung des Lesers in eine bestimmte Richtung zu lenken:

a) Häufig werden Nachrichten und Nachrichtenteile weggelassen; eine Methode, die durchschnittliche Zeitungsleser, die nicht mehrere Zeitungen parallel lesen, kaum kontrollieren können.

b) Wenn sich eine Zeitung den Vorwurf der Unterschlagung nicht machen lassen will, veröffentlicht sie Nachrichten an einer Stelle, wo sie leicht überlesen werden können, oder sie gibt ihnen durch stilistische Manipulationen die von ihr gewünschte Tendenz (Präsentation der Nachrichten).

c) Die schon erwähnte Trennung von Nachricht und Kommentar hat den Sinn, Wertungen in der Nachricht vorzubeugen. Meinungsäußerungen zu den Fakten sollten im Kommentar abgegeben werden. Es ist einsichtig, daß zwischen der neutralen Information in einer Nachricht und der Wertung in einem Kommentar fließende Übergänge bestehen. Aus diesem Grunde ist die absolut objektive Nachricht ein Ideal, das in Redaktionsstatuten immer wieder gefordert wird:

„Objektivität ist einer der mißverständlichsten Begriffe im gesamten Bereich der Nachrichtenübermittlung. Tatsächlich ist jede Art der Nachrichtenweitergabe eine Kette subjektiver Entscheidungen. Das beginnt bei der Zulieferung der Nachrichten durch die Agenturen und Korrespondenten, das setzt sich fort in den Nachrichtenredaktionen bei der Entscheidung über die Auswahl zuerst und dann die Plazierung der Nachricht, ihrer Formulierung und (beim Fernsehen) dem Schnitt. Objektivität als Zielvorstellung kann nur heißen: solide Sachkenntnis des Redakteurs, größte Fairneß seines Handelns und größtmögliche Distanz von der persönlichen politischen Einstellung. Keinesfalls darf er sich dazu verleiten lassen, seine eigene Meinung mit ins Spiel zu bringen. Wenn für uns das Gebot ‚Nachrichten und Kommentar sind so streng wie möglich zu trennen‘ immer noch gilt, so sind wir uns doch dessen bewußt, daß die Vorstellung einer messerscharfen Trennung Selbstbetrug wäre.“ (Klaus von Bismarck: Die Nachricht und die Wirklichkeit, zit. nach H. R. Fluck u.a. 1975, S.35)

Dieses Zitat erhellt, daß subjektive Einfärbungen einer Nachricht unterlaufen können. Nachrichtenpolitik liegt im Falle *bewußt verschleierter Wertungen* vor. Diese kann z.B. durch *Hintergrundberichte* praktiziert werden, etwa durch die Angabe von Personalia, die in keinem ursächlichen Zusammenhang zu den berichteten Fakten stehen.

d) Eine raffinierte Methode der Nachrichtenpolitik besteht schließlich darin, die Meldung in einen *politischen* oder *unpolitischen* Kontext einzubeziehen, der den Leser dazu verleiten soll, sie in einer ganz bestimmten Weise aufzunehmen. Man kann sich z.B. leicht vorstellen, wie eine Nachricht von einem Streik im Umfeld von Meldungen über eine Epidemie, steigenden Alkoholkonsum, Preiserhöhungen etc. aufgenommen wird. In diesem Kontext könnte man sich beispielsweise die Schlagzeile sparen, daß der Streik ‚droht‘.

e) Ein besonders wirkungsvolles Mittel der Nachrichtenpolitik sind *wertende Bezeichnungen* für konfligierende Mächte. Es kommt letztlich auf den politischen Standort der Redaktionen an, ob sie z.B. von Widerstandskämpfern oder von Heckenschützen, von Ordnungstruppen oder von repressiven Kolonialtruppen schreiben:

„Es gibt zahlreiche Worte, vor allem aus dem Arsenal des ‚Kalten Krieges‘, die ihre ‚affektive Belastung‘ sogar stolz zur Schau stellen. Dazu gehören die ‚Revanchisten‘ und ‚Militaristen‘ ebenso wie die ‚kommunistischen Drahtzieher‘ und ‚nützlichen Idioten‘.“ (M. Steffens 1975, S.76f.)

Sehr schwierig wird die Verwendung und Einschätzung dieser Vokabeln dadurch, daß Revanchisten und Militaristen in bestimmten Zusammenhängen auch sachliche Bezeichnungen sein können.

f) Schließlich seien noch einige sprachliche Mittel erwähnt, mit deren Hilfe Meinungslenkung bis hin zur Nachrichtenpolitik betrieben werden kann:

- Die Schlagzeile wird als Frage, rhetorische Frage oder Aufforderung vorgetragen.
- Emotionale Adjektive werten vorurteilend (in attributiver Stellung) oder urteilend (in prädikativer Stellung).
- Wertende Substantive können Antipathien oder Sympathien erzeugen (s. e).
- Konjunktionen oder Präpositionen werden verschleiernd oder irreführend eingesetzt. Die Methode der Ersatzprobe kann in diesem Falle zur Aufklärung beitragen. In dem Satz „Unter der Regierung Fischer steigen die Preise" läßt sich die Präpositionalfügung „unter der Regierung Fischer" durch unterschiedliche Konjunktionalsätze ersetzen (während, weil, obwohl Fischer regiert, ...). Erst eine genaue Prüfung des Kontextes ergibt, welche Substituierung der Journalist nahelegen will, ohne dies ausdrücklich zu sagen.
- Metaphern und akzentuierende Wortstellung werden eingesetzt, um beim Leser bestimmte Emotionen zu wecken.

5. Nachrichtenpolitik in der BILD-Zeitung

Gerade zu diesem Problem wäre es wenig sinnvoll, nur die Nachrichten in der BILD-Zeitung zu untersuchen, die durch die Überschrift als solche deklariert werden. Wir wiesen schon darauf hin, daß zahlreiche Meldungen, die mit den Kürzeln der Nachrichtenagenturen versehen sind, zu umfangreicheren Berichten, Reportagen oder human interest stories ausgebaut werden. Auch diese Mischformen zwischen Nachricht und Kommentar müssen auf Nachrichtenpolitik hin untersucht werden, weil die Nachrichtenpolitik gerade darin bestehen kann, daß eine neutrale Agenturmeldung mit dem sogenannten human touch versehen wird.

Wir können hier nur einige der vielfältigen Methoden der Nachrichtenpolitik in der BILD-Zeitung erwähnen:

- Die Meldung wird bereits durch die Überschrift bewertet, z.B. „35-Stunden-Woche ‚unsinnig'". Die Zeitung entzieht sich dem Vorwurf der Meinungmache, indem sie ein Zitat als Überschrift verwertet. (BILD, 9.12.78, S.2)
- Die Kritik wird durch die Wortwahl verschärft. Während es im Artikel „kritisierte" heißt, lautet die Überschrift „Hauff schimpfte auf die Autoindustrie" (BILD, 11.12.78, S.1).
- Die Schlagzeile erscheint als Frage, z.B. „Spricht die SPD mit zwei Zungen, Herr Koschnick?" (BZ, 11.12.78, S.1). Gleichgültig, was der Artikel an Differenzierungen enthält, die Schlagzeile wird sich durch den Fettdruck stärker einprägen.
- Eine Hintergrundangabe färbt die Nachricht negativ ein, z.B. „Zwei Millionen Fäuste gegen den Schah" lautet die Überschrift (BZ, 11.12.78,

S. 1). In dem Artikel heißt es, daß „Männer und tief verschleierte Frauen getrennt“ durch Teheran zogen. Dem aufmerksamen Leser wird der Seitenhieb gegen die nicht vollzogene bzw. verhinderte Emanzipation der Demonstrantinnen nicht entgehen. Außerdem waren es nur eine Million Demonstranten, die bildliche Überschrift macht aber 2 Millionen Fäuste daraus.

- Die folgende Meldung arbeitet mit einer Annahme, die bestehende Verhältnisse in ein negatives Licht rückt. Die Schlagzeile stellt z.B. fest, daß Hamburgs Bürgermeister Klose 160000 Wähler verlor. In dem Artikel heißt es dann: „Wären Kloses Äußerungen bereits Anfang Juni bekannt gewesen, hätte seine SPD nicht die absolute Mehrheit (51,5 Prozent im Juni), sondern nur noch rund 39 Prozent bekommen. ‚Das ist der wahrscheinlichste Wert‘, so die Meinungsforscher von Emnid, ‚allerdings sind Schwankungen bis 6 Prozent möglich‘“ (BZ, 12.12.78, S. 1).
- Der Kontext und ein Foto stellen den gleichen Sachverhalt, Demonstrationen in Teheran, teils in einen negativen, teils in einen positiven Zusammenhang. Die eine Meldung ist betitelt „Auf Vaters Schultern zum Krawall“. Der auf dem Foto abgebildete Junge auf des Vaters Schultern trägt ein Bild des Schah-Gegners Khomeini. Die andere Meldung darunter ist überschrieben in Lettern, die doppelt so groß und doppelt so fett gedruckt sind: „Zum ersten Mal: Perser für den Schah auf die Straße“ (BZ, 13.12.78, S. 1).
- Die Meldung wertet, entbehrt aber jeglicher Fakten, mit deren Hilfe die Wertung überprüft werden könnte. „Biedenkopf denkt nach“ (Schlagzeile). „Die Arbeitgeber dächten an die Zukunft, die Gewerkschaften nur an die Gegenwart, erklärte der stellvertretende CDU-Vorsitzende Biedenkopf“ (BZ, 13.12.78, S. 3).

Da sich weitere Beispiele für Nachrichtenpolitik in der BILD-Zeitung leicht in aktuellem Material finden lassen, brechen wir hier ab.
In diesem Zusammenhang sei noch einmal darauf hingewiesen, daß das wichtigste Lernziel dieser Unterrichtseinheit ist, die Schüler für einen kritischen Umgang mit Zeitungen zu befähigen, und dazu gehört auch, Schüler für Meinungslenkung durch Nachrichten zu sensibilisieren.

10./11. Stunde: Die human interest story

1. Begriff und Funktion

Dieser aus der amerikanischen Publizistik des 19. Jahrhunderts stammende Begriff hat sich in der Bundesrepublik Deutschland noch nicht so durchgesetzt, daß man auf eine Definition verzichten könnte.
Die human interest story in der Presse stellt das Schicksal einer einzelnen Identifikationsfigur in den Mittelpunkt des Berichts (human interest) und berichtet/erzählt eine Begebenheit (story), die der Leser als typisches Schicksal rezipieren soll. Sie hat sich mittlerweile einen festen Platz in der BP, in der Regenbo-

genpresse und in den Illustrierten erobert und dringt auch zunehmend in die sogenannte seriöse überregionale Presse ein (z.B. „Der Spiegel“, „Zeit-Magazin“). 1968 waren bereits durchschnittlich 40% des redaktionellen Teils der BILD-Zeitung mit human interest stories besetzt. (Joachim Thiele 1969, S. 345 ff.)

2. *Motive/Stoffe*

Bevorzugt wird die romantisierend dargestellte Lebensweise der Reichen, der Stars, der Prominenz schlechthin, präsentiert werden aber auch seit den Anfängen schon und in der BP zunehmend mehr stories über die Lebensführung von sozial Schwachen und vereinsamten Menschen, soweit sie durch Scheinlösungen Identifikationsangebote für den Leser enthalten. Typisch ist, daß Reichtum oder Armut häufig mit Kriminalität verbunden werden, ohne daß der potentielle Kausalzusammenhang offengelegt wird. Die dominierenden Motive liegen auf einer vordergründig psychologisierenden Ebene und werden als naturwüchsig unveränderbar hingestellt, z.B. enttäuschte Liebe, Haß, Eifersucht, Sadismus, Mitleid, Ruhmsucht, Habsucht.

3. *Identifikationsfiguren*

Diese haben entweder einen großen sozialen Abstand zum BILD-Leser (Adel oder prominente Stars), oder es handelt sich um Menschen aus ihm vertrautem sozialem Milieu. Zur Identifikationsfigur werden sie, weil sie unverdienterweise vom „Schicksal geschlagen“ oder weil sie von einem zufälligen Glück begünstigt wurden (z.B. Lottogewinn oder Erbschaft). Im ersteren Falle ist wichtig, daß das anonyme Schicksal bzw. anonym dargestellte Institutionen wie die Bürokratie für das Unglück verantwortlich gemacht werden und daß nicht die konkreten Ursachen, etwa die Sozialpolitik der jeweils Regierenden, kritisiert wird. Nicht nur wegen der Verschleierung der Verantwortung für Sozialfälle, sondern auch wegen der Unterschlagung der politischen Mechanismen, die diese im einzelnen auslösten, ist die human interest story eine antidemokratische Darstellungsform.

4. *Human interest story und Realitätsferne*

Realitätsferne liegt z.B. dann vor, wenn der zufällige soziale Aufstieg eines „kleinen Mannes“ durch Heirat, Lottogewinn oder Erbschaft oder wenn die märchenhaft dargestellte Karriere eines Stars aus kleinen Verhältnissen den Mythos von der Durchlässigkeit der Gesellschaft bekräftigen soll. Das gesellschaftliche Umfeld dieser Karrieren wird verzerrt dargestellt oder ganz ausgeklammert, weil man sich auf die Darstellung des individuellen Schicksals beschränkt.

5. *Die zwei Seiten der human interest story*

Der Sequenz über die human interest story ist der folgende Lernzielzusammenhang übergeordnet: Die Schüler sollten einerseits zu der Erkenntnis befähigt werden, daß die human interest story eine entpolitisierende Kommunikationsform ist. Andererseits sollen sie die in dieser Darstellungsform enthaltene Chance erkennen. Sie motiviert nämlich durch Vereinfachung komplexer gesellschaftlicher Ursachenzusammenhänge, durch Personalisierung und damit verbundene Identifikationsangebote breite Schichten, insbesondere die Unterschicht, überhaupt erst zum Zeitunglesen. Es geht also nicht darum, die human interest story abzuschaffen. Vielmehr sollte man ihr unter Beibehaltung ihrer Struktur und ihres Stils eine Tendenz zu mehr Aufklärung geben. Dies kann z.B. geschehen, indem in ein paar Sätzen das Allgemeine der story herausgestellt wird.

6. Erziehung zu kritischer Zeitungslektüre anhand der human interest story

Zur Kritik wurden die Schüler auch schon in den vorausgegangenen Sequenzen dieser Unterrichtseinheit aufgefordert. Es handelt sich aber mehr um eine Kritik, die auf die BILD-Zeitung und ihre Macher abgehoben ist. Die human interest story jedoch bietet eher die Möglichkeit, kritisch bei der persönlichen Betroffenheit der Schüler anzusetzen. Dies gilt insofern, als Schüler aller Sozialschichten durch die Lektüre des Lokalteils, der Gerichtsberichterstattung und des Sportteils unterschiedlicher Zeitungen mit dieser Darbietungsform vertraut sind. Kritik soll hier verstanden werden als Erkenntnis, daß man persönlich in einen kritisierbaren Ursachen- und Wirkungszusammenhang einbezogen ist. Sie ist jedoch nur vertretbar, wenn der Ansatz bei der vordergründigen Spannung dieser stories nicht zu einer „Erziehung des Madigmachens" (Adorno) mißbraucht wird. Ebenso wie bei der bewußten Lektüre von Trivialliteratur muß schon in der Sekundarstufe I die Kritik über einen diskriminierenden immanenten Ästhetizismus hinausweisen und die Erkenntnis vorbereiten, daß nicht die Bedürfnisse der Leser von human interest stories zu verurteilen sind, die der Kompensation durch eine Glamour-Welt der Prominenz oder der „Hans-im-Glück-kann-jeder-sein"-Motive bedürfen. Jene Arbeits- und Freizeitverhältnisse, die ständig fremdbestimmte Freizeitbedürfnisse reproduzieren, müssen als entscheidender Gegenstand der Kritik wenigstens im Lehrerbewußtsein anvisiert werden.

12./13. Stunde: Der Kommentar in der BILD-Zeitung

Vor speziellen Ausführungen zum Kommentar in der BILD-Zeitung soll zunächst erläutert werden, was von einem guten Zeitungskommentar allgemein erwartet werden darf:

- Der Kommentar sollte als Meinungsäußerung deutlich von den Nachrichten abgehoben werden.
- Erscheint der Kommentar später als die korrespondierende(n) Nachricht(en), sollte die Faktenbasis einleitend kurz rekapituliert werden.
- Ein Abwägen des Für und Wider bei kontroversen Themen dient der Meinungsbildung des Lesers. In der Regel sollte der Kommentar aber abschließend eine prägnante eigene Stellungnahme anbieten.

- Der politisch engagierte Kommentar braucht die Gegenposition zu seiner Meinung nicht darzulegen. Er sollte aber die Kriterien für seine parteiischen Ansichten verdeutlichen.
- Unbeschadet des Engagements dient es nicht der Meinungsbildung, wenn Kommentare zu Polemiken werden.
- Die Untersuchung der Machart von Kommentaren sollte sich auf das Gesellschaftssystem beziehen, in dem sie entstehen. In einem pluralistischen System wie dem der Bundesrepublik Deutschland, das seine Legitimation faktisch aus dem Vorhandensein eines breiten Meinungsspektrums bezieht, gerät der Kommentar, weil er allen Seiten gerecht werden will, durch ständiges Einerseits/Andererseits, Sowohl/Als auch, Sei es/Sei es allzuleicht zum „Eiertanz" (H. M. Enzensberger). Solche Kommentare ohne eindeutige Stellungnahme sind nicht dazu geeignet, den Leser aus seiner politischen Passivität zu lösen, im Gegenteil.
- Bei Kommentaren verschiedenster politischer Couleur innerhalb einer Zeitung besteht die Gefahr, daß sie sich wechselseitig neutralisieren und passive Leser erziehen.
- Kommentatoren, die zu komplexen Fragen Stellung nehmen (z.B. Wirtschaftspolitik), sollten sich nicht scheuen, ihre Fachterminologie in für den Laien verständliche Begriffe zu übertragen.

1. Die äußere Form

Der Kommentar nimmt in der BILD-Zeitung wie alle anderen Rubriken nur wenig Raum ein und ist auf wenige Sätze beschränkt. Deshalb ist ein Abwägen unterschiedlicher Auffassungen vor der abschließenden Meinungskundgabe schon vom Umfang her nicht möglich. Vielmehr fällt der Kommentar gleich mit der Meinung ins Haus, die nur oberflächlich begründet worden ist.
Überwiegend handelt es sich um politisch engagierte Kommentare, die das Ziel der Beeinflussung des Lesers ohne Umschweife ansteuern. Der Kommentar scheint die Meinung der gesamten Redaktion wiederzugeben, jedenfalls ist er nur selten namentlich gekennzeichnet. Fakten oder Kriterien, auf denen die eigene Meinung basiert, erscheinen trotz häufigen Verweises auf die korrespondierende Meldung entweder gar nicht oder nur sehr rudimentär.
Die BILD-Zeitung bleibt niemals bei einem akademisierenden Einerseits/Andererseits stehen, das die Leser verwirren könnte. Hier besteht eher die Gefahr, daß sie mangels Reflexion von Fakten indoktriniert werden.
Bei der Verbreitung der Meinungen soll jedes Risiko ausgeschaltet werden, daß diese vom Leser mißverstanden werden können. Dies geschieht mit dem Mittel der Vereinfachung bzw. der Reduzierung der Meinungen auf Stereotypen auf dreifache Weise:

1. Der ohnehin nur auf Feststellungen/Behauptungen verkürzte Inhalt wird zur direkt meinungslenkenden Schlagzeile komprimiert, die häufig aus Imperativen besteht.
2. Eine ähnlich suggestive Wirkung wie der Kommentar hat ein Witz, der unter der Überschrift „Mein Lieblingswitz" direkt in die Rubrik „Kom-

mentar" aufgenommen und unmittelbar unter dem Kommentar abgedruckt wird. Häufig verstärken die Witze, die überwiegend von Bundestagsabgeordneten einer Partei stammen, die politische Aussage des Kommentars.

3. Ein drittes Mittel, das Einfache noch eingängiger zu gestalten, besteht darin, die zentralen Äußerungen des Kommentars in Fettdruck zu setzen.

Wenn die BILD-Zeitung ihre Autorität zur Durchsetzung ihrer Meinung nicht hoch genug einschätzt, werden unter der Überschrift „Die Stimme der anderen" die Meinungen anderer Blätter zitiert. Dabei wird die Unwissenheit des Lesers einkalkuliert, weil die Stimme der anderen nicht selten die Meinung der WELT ist, die bekanntlich auch aus dem Hause Springer stammt.

2. *Gesellschaftspolitische Tendenzen der Kommentare in der BILD-Zeitung*

Es kann nicht Ziel der exemplarischen Analyse einiger BILD-Kommentare durch Schüler sein zu ermitteln, welche Trends diese im allgemeinen verfolgen. Der Lehrer sollte sich jedoch einen umfassenderen Überblick über die gesellschaftspolitischen Tendenzen der BILD-Zeitung verschaffen, um seine Aufgabenstellungen und Hilfen für die Analyse einzelner Kommentare begründeter ansetzen zu können. Außer dem auf S. 16 bereits dargelegten politischen Engagement der Zeitung für acht Themenkomplexe seien hier ohne den Anspruch auf Vollständigkeit noch einige weitere typische Tendenzen grob skizziert:

– *schroffe Polarisierung* auf außenpolitischem Feld, insbesondere soweit es um die DDR und die Sowjetunion geht. Beiden Staaten werden u.a. Mißachtung der Menschenrechte angelastet. Die von ihnen praktizierte sozialistische Planwirtschaft wird durchweg kritisch gesehen. Der UdSSR werden hegemoniale bzw. imperialistische Bestrebungen vorgeworfen. Für die in westlichen Staaten praktizierte sogenannte freie Marktwirtschaft setzt sich die BILD-Zeitung vorbehaltlos und unkritisch ein. Für den Umgang mit der UdSSR und der DDR wird eine Politik der Stärke proklamiert.
– *verdeckte bis offene Polarisierung* auf wirtschafts- und sozialpolitischem Feld, besonders wenn die Gewerkschaften sich für Arbeitnehmerinteressen einsetzen. Streiks werden fast ausnahmslos als Gefährdung des wirtschaftlichen Fortschritts dargestellt.
– *verdeckte Konfrontation bzw. verdecktes Sympathisieren* in den Kommentaren über die politische Arbeit der Regierungsparteien und der Opposition. Es versteht sich von selbst, daß hier eine offene Polarisierung wie auf außenpolitischem Feld nur unter der Gefahr des Verlustes großer Leseranteile erfolgen könnte. Dennoch werden die Möglichkeiten kontroverser Kommentierung einerseits und wohlwollender andererseits im innenpolitischen Parteienstreit bis zur direkten Parteinahme ausgeschöpft. Auf wessen Seite sich dabei die BILD-Zeitung schlägt, dürfte nach der Lektüre einiger Kommentare deutlich werden.

- *punktuelle Kritik,* z. B. an Diktaturen. Diese wird dann geübt, wenn sich diktatorische Regime gegen eine breite öffentliche Ablehnung nicht mehr halten lassen, wie z. B. in der jüngsten Vergangenheit die Diktatur Idi Amins. Sofern Diktaturen kritisiert werden, nimmt die Zeitung häufig eine undifferenzierte Gleichsetzung zwischen faschistischen und kommunistischen bzw. sozialistischen Diktaturen vor. Quantitativ richtet sich die Kritik weitaus mehr gegen diktatorische Tendenzen im sozialistischen als im kapitalistischen Lager.
- *direkte Kritik* wird an Fernsehen und Filmen vor allem dann geübt, wenn sie den gesellschaftspolitischen Status quo in der Bundesrepublik Deutschland in Frage stellen. Das geht so weit, daß gesellschaftskritische Filme prinzipiell abgewertet werden, weil sie angeblich die Mehrheit der Bevölkerung überfordern und ihrem Unterhaltungsbedürfnis nicht gerecht werden.
- *Verteidigung der Rechte von Arbeitnehmern:* Die BILD-Zeitung gibt sich den Anschein, diese auf breiter Ebene zu verteidigen. Tatsächlich handelt es sich aber nur um ein punktuelles Eintreten, wenn bei eklatanten Übergriffen die Rechte einzelner Arbeitnehmer beschnitten werden. Dies ist z. B. bei ungerechtfertigten Einzelkündigungen der Fall (s. human interest story). Diese sporadische Verteidigung der Rechte des „kleinen Mannes" sowie Appelle an die Hilfsbereitschaft und Nächstenliebe nach dem Motto „Seid nett zueinander" erfolgen aber auf einer pluralistischen Ebene und haben nicht im entferntesten mit einem sozialkritischen Konzept zu tun, das politische Institutionen unterstützt, die sich auf der Seite der arbeitnehmenden Bevölkerung engagieren.

3. *Strategie und Rhetorik von Kommentaren*

Bei der Analyse der Rhetorik von Kommentaren wird häufig der Fehler gemacht, daß nur die Sprache betrachtet und bewertet wird, ohne daß die Gesamtstruktur des Kommentars und dessen kontextuale Einbindung zur Diskussion stehen. Für die Untersuchung der Sprache von Kommentaren gilt aber, was Zimmermann grundsätzlich für die Analyse politischer Reden gefordert hat:

> „Die politischen Reden müssen in einem dreifachen Kontext gesehen werden: die Bedeutung von Wörtern und Sätzen ergibt sich im Zusammenhang des Textes. Die Redesituation muß berücksichtigt werden: wer spricht wo unter welchen Umständen und zu welchem Zweck? Dazu muß die politisch-gesellschaftliche Situation herangezogen werden; sie macht deutlich, warum manche Begriffe so wichtig, manche so vieldeutig sind." (Zimmermann 1971, S. 160)

Die Rede-/Schreibsituation und die politisch-gesellschaftliche Situation, in der der Kommentar erscheint, können mit folgenden Fragen aufgedeckt werden, die zugleich geeignet sind, wesentliche rhetorische Mittel der BILD-Kommentare aufzuzeigen*:

---

* (Die Fragen sind entnommen aus: E. Mittelberg/D. Seiffert: Ideologiekritisches Lesen von Zeitungen. – In: DD, Sonderband: Ideologiekritik im Deutschunterricht. Frankfurt/M. 1972, S. 108 ff.)

1. In welchem Medium bzw. an welchem Ort erscheint der Text?
2. In welcher konkreten historischen Situation wurde er verfaßt?
3. Wer ist der Kommentator? Gibt es Hinweise auf die Gruppe, in deren Namen er schreibt, die ihn unterstützt?
4. Engagiert er sich in einer Frage, die umstritten ist?
5. Wogegen wendet sich der Text, und wofür spricht er sich aus?
6. Wer oder was soll mit seiner Hilfe aufgewertet bzw. abgewertet werden?
7. Wer soll durch den Text beschwichtigt werden? (pluralistische Adressatengruppe?)
8. Handelt es sich bei den Adressaten um eine größere Gruppe/Menschenmenge/Masse?
9. Liegt dem Text eine zielgerichtete, durchgängig nachweisbare Strategie zugrunde?
10. Wird deutlich, daß er Verhalten und Handeln der Adressaten lenken will?

Diese Fragen müssen für die Kommentare der BILD-Zeitung so beantwortet werden:
zu 1.: Die BILD-Zeitung als Straßenverkaufspresse erreicht allein 78% der Leser, die nur eine Volksschulbildung haben, und nur 4% Leser, die das Abitur, eine Hochschule oder die Universität besucht haben (vgl. Materialien 5: Leseranalyse der BILD-Zeitung). Wenn der Kommentar gelesen werden soll, muß also die Sprache einen entsprechend schlichten umgangssprachlichen Wortschatz und einen einfachen Satzbau aufweisen, der weder Behaltens- noch Abstraktionsfähigkeit überfordert. Hinsichtlich des Wortschatzes erkennen die Schüler beim Erstellen einiger Wortfelder, daß die Forderung eingelöst wird. Auf den einfachen Satzbau werden wir zurückkommen (s. zu 8.).
zu 2.: Von der konkreten historischen Situation, in der der Artikel erscheint, hängt es ab, wie aggressiv, beschwichtigend, verschleiernd etc. die Sprache des Kommentars sein darf, wenn Verärgerung größerer Lesergruppen vermieden werden soll.
zu 3.: Nur in Ausnahmefällen zeichnet der Kommentator in der BILD-Zeitung namentlich. Von daher hat der Leser um so mehr den Eindruck, daß die Zeitung mit ihrer ganzen Autorität und Macht hinter dem Kommentator steht, was auch tatsächlich der Fall ist. Sprachlich bedeutet dies, daß kaum diplomatisch verbrämte Formulierungen notwendig sind, die den Kommentator als individuell Agierenden absichern sollen.
zu 4.: Nicht immer engagiert sich der BILD-Kommentar in einer bereits umstrittenen Frage, da es nicht selten seine Funktion ist, eine politische Konstellation erst kontrovers zu machen. Der überwiegend parteinehmende und komplizierte Sachverhalte auf Stereotypen verkürzende Wortschatz suggeriert dem Leser aber, daß BILD mit seinem Kommentar in einer bestimmten Kontroverse als ordnungstiftende Institution eingreift, die sagt, „wie der Hase zu laufen hat".
zu 5.: Da der Satzbau z. B. mit Aufforderungen, Slogans und Antithesen arbeitet, die vom Leser als direkte Handlungsanweisungen empfunden werden

müssen, wird kein Zweifel daran gelassen, wogegen sich der Text wendet und wofür er sich ausspricht.

zu 6. und 7.: Obwohl die Leserschaft der BILD-Zeitung aufgrund der Auflagenhöhe des Blattes (10,45 Millionen von der Gesamtbevölkerung der Bundesrepublik = Leser einer durchschnittlichen Ausgabe) politisch unterschiedlich orientiert sein dürfte, wählt die Zeitung für die meisten Kommentare ein leicht durchschaubares Freund-Feind-Schema. Von einer Strategie der Beschwichtigung kann nur teilweise die Rede sein. Sie ist Bestandteil des Polarisierungsdenkens, indem das Objekt der Kritik nach dem Motto „Brutus ist ein ehrenwerter Mann, aber …" zuerst gelobt wird, damit es dann um so heftiger attakkiert werden kann.

zu 8.: Da die Sprache der Kommentare sich hinsichtlich des Abstraktionsgrades von der Sprache der übrigen BILD-Artikel nur unwesentlich unterscheidet, ist anzunehmen, daß das Blatt mit den Kommentaren seine gesamte Leserschaft erreichen will und tatsächlich auch anspricht.

Ein sehr wichtiges Mittel, die Sprache der Kommentare für die gesamte Leserschaft verständlich zu machen, ist die Länge der Setzungen (grammatisch unvollständige Sätze) und der grammatisch vollständigen Sätze. Die Setzungen insbesondere sind als Einwirkung der gesprochenen Umgangssprache auf die Schriftsprache zu verstehen. Sie erreichen in der Form von 3 und 4 Worten ihr Maximum und erscheinen in weit geringerer Frequenz als 5-Wort-Setzungen.

Der einfache Hauptsatz ist mit 60% das beherrschende Element der BILD-Syntax. Unter den Hauptsätzen der BILD-Zeitung erreicht der 8-Wort-Satz mit mehr als 50% die höchste Frequenz. Bei der Berücksichtigung aller Satzlängen hält der 5-Wort-Hauptsatz bei weitem die Spitze.

Vergleicht man die Länge aller Satzarten einschließlich der Satzgefüge, so herrschen in BILD die zwei- bis sechzehnwortigen Sätze mit 84% vor. Sätze in der Länge zwischen 5 und 9 Wörtern machen allein 35% aus. 2- bis 3wortige Kleinstsätze stellen mit 7,1% einen so starken Anteil, daß man von einem gelenkten Atavismus der Sprache reden möchte.

Insgesamt bekundet sich in der Atomisierung der Syntax in Setzungen und einfache Hauptsätze sowie in der Zurückhaltung gegenüber Satzgefügen das Bestreben der BILD-Zeitung, den Leser in Denkschrittchen zu führen.

Freilich sind in den Kommentaren mehr Satzgefüge enthalten als in den übrigen Artikeln der BILD-Zeitung. Aber daraus ist nicht auf einen komplizierten Stil zu schließen, der einen Teil der Leser davon abhalten könnte, die Kommentare zu lesen; die Satzgefüge werden zum Ausgleich mit drucktechnischen Mitteln, wie z.B. Fettdruck der entscheidenden Worte und Absätze, optisch leicht faßlich aufbereitet.

zu 9. und 10.: Die gezielte Strategie der Kommentatoren, die Adressaten zu lenken, kommt formal und inhaltlich zum Ausdruck

– in der direkten Ansprache des Lesers durch den Wir-Stil, der dazu dient, die Distanz zwischen dem Kommentator und seinen Lesern aufzuheben. Der

Wir-Stil soll außerdem eine Gruppe Gleichdenkender und Gleichhandelnder schaffen;
- in rhetorischen Fragen;
- in der Reduktion komplexer Sachverhalte auf Slogans wie in der kommerziellen Werbung und auf Sprichwörter, die allgemeine Zustimmung herausfordern sollen;
- in der Konkretisierung abstrakter Beziehungen zu vereinfachenden, anschaulichen Metaphern;
- in der zu einem Verhaltensimpuls sich steigernden Parallelschaltung von Kurzsätzen bzw. in Anaphern.

Ganz besonders deutlich wird die Strategie der Meinungslenkung in den bereits erwähnten Imperativen der Schlagzeilen, in den grob vereinfachenden Antithesen, in den Schlagwörtern und in den sogenannten Leerformeln.
Mit Hilfe des Schlagworts kann an ein bereits eingespieltes schablonenhaftes Denken der Leser angeknüpft werden:

„Ein Wort ist nie als solches ein Schlagwort, sondern wird dazu erst in bestimmten Situationen. Man kann zwar sagen, daß die Wörter ‚Demokratie', ‚Fortschritt', ‚Sozialismus' u.a. heute meistens als Schlagwörter verwendet werden, aber sie haben daneben, z.B. in der Wissenschaftssprache, auch andere Gebrauchsweisen." (Dieckmann, 1964)

Weil Schlagwörter auch in seriösem Kontext verwendet werden, kann der Kommentator darauf vertrauen, daß die Mehrheit seiner Adressaten sie nicht als solche durchschaut.
Bei den mit dem Schlagwort eng verwandten sogenannten *Leerformeln* handelt es sich nicht um einzelne Reizwörter, sondern um Restbestände sozialphilosophischer Formeln (z.B. „das Wohl des Ganzen", „Dienst an der Gemeinschaft") oder um idiomatische Wendungen (z.B. „in einem Boot sitzen").

„Solche Formeln geben sich als unumstößliche Erkenntnis aus, sind weithin bekannt und können leicht bestätigt werden ... Wenn diese Leerformeln auch kaum Information vermitteln, so erfüllen sie ihre Funktion, beliebige Begebenheiten zu rechtfertigen und in vertrauten Zusammenhang zurückzuführen, aufs beste: sie stellen eine emotionale Übereinstimmung zwischen Sprecher und Hörer her, die durch rationales Räsonnement nicht getrübt wird." (Zimmermann 1971, S.164)

Für Lehrer, die die BILD-Kommentare nicht mit den von uns empfohlenen Standardfragen untersuchen lassen wollen, gibt es noch einen anderen methodischen Weg in vier Arbeitsgängen, den Hans Hannappel empfiehlt (in: DD 1973, H. 14, S. 362 ff.): Die Schüler sollen
1. den Argumentationsgang untersuchen,
2. suggestive Elemente aus dem Text herausfinden,
3. die Tendenz des Artikels zusammenfassend formulieren und
4. den Standpunkt des Verfassers formulieren und auf seine Gültigkeit überprüfen.

Zu jedem der vier Arbeitsgänge gehören noch Teilschritte, die hier nicht aufgeführt werden. Das Verfahren erweist sich für die Analyse von komplexeren Kommentaren als günstig. Für die BILD-Zeitung entfällt jedoch der erste Arbeitsschritt, weil von einem differenzierten Argumentationsgang in den Kommentaren nicht die Rede sein kann.

Literaturhinweise

BILD-Zeitung: Qualitative Analyse 1965, durchgeführt von den Instituten Contest, Infratest und DIVO, Hamburg: Axel Springer 1966

Dieckmann, Walter: Information oder Überredung. Marburg: Elwert 1964

Fluck, Hans/Kruck, Jutta/Maier, Michael: Textsorte Nachricht. Dortmund: Crüwell-Konkordia ²1976

Gleissberg, Gerhard u.a.: Zu Pressekonzentration und Meinungsmanipulierung. Frankfurt/Main: Verlag Marxistische Blätter 1972

Glotz, Peter/Langenbucher, Wolfgang, R.: Der mißachtete Leser. Zur Kritik der deutschen Presse. Köln/Berlin: Kiepenheuer/Witsch 1969

Hannappel, Hans: Zeitungskommentare im Unterricht. Zur Lernzielbestimmung rhetorischer Analysen. – In: Diskussion Deutsch 1973, H. 14, S. 362 ff.

Hennig, Eike: Die Abhängigkeit der Massenmedien von den Werbeeinnahmen und dem Anzeigenteil. – In: Zoll, Ralf (Hrsg.) Kritik, Bd. 4: Manipulation der Meinungsbildung. Opladen: Westdeutscher Verlag 1971, S. 27 ff.

Karsch, Friederun: Die Sprache der politischen Propaganda. Ein Versuch zur Analyse ihrer Charakteristika. – In: Geschichte in Wissenschaft und Unterricht 19 (1968), S. 218 ff.

Koszyk, Kurt/Pruys, Karl H. (Hrsg.): Wörterbuch zur Publizistik. München: dtv 1969

Mittelberg, Ekkehart: Wortschatz und Syntax der BILD-Zeitung (Diss.). Marburg: Elwert 1967

Mittelberg, Ekkehart: Propagandasprache. – In: Nündel, Ernst (Hrsg.): Lexikon zum Deutschunterricht. München/Wien/Baltimore: Urban und Schwarzenberg 1979

Mittelberg, Ekkehart/Seiffert, Dieter: Ideologiekritisches Lesen von Zeitungen. – In: Diskussion Deutsch, Sonderband: Ideologiekritik im Deutschunterricht. Frankfurt/M.: Diesterweg 1972, S. 108 ff.

Mittelberg, Ekkehart/Seiffert, Dieter (Hrsg.): Probleme des Pressewesens. Materialien für den Deutschunterricht und die Gesellschaftslehre. Frankfurt/M.: Diesterweg 1974

Müller, Hans Dieter: Der Springer-Konzern. München 1968

Noelle-Neumann, Elisabeth/Schulz, Winfried: Das Fischer Lexikon Publizistik. Frankfurt/M.: Fischer Taschenbuch 1971

Pelster, Theodor: Massenmedien I: Presse. Düsseldorf: Schwann 1974

Schulte-Willekes, Hans: Schlagzeile. Ein Zeitungsreporter berichtet. Reinbek bei Hamburg: Rowohlt Tb 1977

Steffens, Manfred: Das Geschäft mit der Nachricht. Hamburg: Hoffmann und Campe 1969

Thiele, Joachim: Einige formale Daten der Ausgaben von BILD/Hamburg. – In: Muttersprache 79 (1969), S. 345 ff.

Zimmermann, Hans Dieter: Elemente zeitgenössischer Rhetorik. – In: Diskussion Deutsch 1971, H. 4, S. 157 ff.

Anhang: Materialientexte

MAT 1

Eike Hennig:
Kostendeckungsprinzip und Werbeabhängigkeit der privatwirtschaftlich organisierten Presse

Quelle: Kritik, Bd. 4: Manipulation der Meinungsbildung, hrsg. von Ralf Zoll, Westdeutscher Verlag, Opladen 1971, S. 54

Die Anzeigenabhängigkeit der beiden privatwirtschaftlich organisierten, am Profitmaximierungs- und Kostenminimierungsprinzip orientierten Medien Zeitung und Zeitschrift ist im vorigen Abschnitt zur Sprache gebracht worden. Zusammenfassend sei nur noch einmal festgehalten, daß Karl Bücher gegen Anfang des Jahrhunderts bemerkt, „sehr annoncenreiche Blätter“ hätten berechnet, sie würden nur 37 bis 40 Prozent ihrer gesamten Herstellungskosten durch das Abonnement decken, (69) während heute, je nach Zeitungstyp, 60 bis 80 Prozent der Herstellungskosten durch den Anzeigenteil gedeckt werden. (70) Das bedeutet, daß Anzeigen „als Voraussetzung privatwirtschaftlich organisierten Zeitungswesens“ notwendig sind (dies die Folgerung K. Reumanns in seinem datenreich-„positivistischen“ Überblick). Ohne Anzeigenerlöse, die auch bei Illustrierten rund 70 Prozent der Erlöse ausmachen, ließe sich die Differenz zwischen Herstellungskosten und Bezugspreis nicht beseitigen. Der Anzeigenerlös bzw. die erwähnte Kostendifferenz stellt nun aber gerade kein Geschenk des Verlegers an die Leser dar, (71) vielmehr ist der Verkauf von Anzeigenraum an Inserenten in erster Linie und vorrangig gewinnbringend. Man könnte sogar anmerken, daß der Bezugspreis ungerechtfertigt ist, insofern sich der Leser bei Zeitungen im Verhältnis 2 : 1 und bei Illustrierten im Verhältnis von 1 : 1 einer immer schwerer trennbaren Gemengelage von redaktionellem und werblichem Inhalt aussetzt.

MAT 2

Hans Schulte-Willekes:
Zahlen und Fakten über die BILD-Zeitung

Quelle: Hans Schulte-Willekes: Schlagzeile. Ein Zeitungsreporter berichtet. rororo-rotfuchs 144, Rowohlt Taschenbuch Verlag GmbH, Reinbek 1977, S. 23/24

Wem gehört die BILD-Zeitung?

Die BILD-Zeitung erscheint im Axel Springer Verlag. Seit 1970 ist der Verlag eine Aktiengesellschaft mit Sitz in Berlin. Mehrheitsaktionär und Aufsichtsratsvorsitzender ist Axel Cäsar Springer (geb. 1912). Das Verlagshaus hat 11 900 Beschäftigte und machte im Geschäftsjahr 1975 mit seinen Presseerzeugnissen einen Kernumsatz von 1,27 Milliarden Mark.

Wie viele BILD-Zeitungen gibt es?

Im Sommer 1976 erreicht BILD eine Auflage von täglich fast fünf Millionen verkauften Exemplaren. Jedes wird mindestens zweimal gelesen (weil es in der Küche, im Zug, im Wartezimmer, in der Kantine liegenbleibt). So erreicht BILD fast elf Millionen Leser täglich. Insgesamt erscheinen in der Bundesrepublik täglich 19 verschiedene Ausgaben von BILD, die in Hamburg, Berlin, Hannover, Kettwig, Frankfurt, Esslingen und München gedruckt werden.
In Großstädten wie Hamburg, Berlin, Bremen, Hannover und München erscheinen Stadtausgaben, die sich von der Bundesausgabe durch ausführliche Lokalteile unterscheiden. Die BILD-Hamburg-Ausgabe hat bei starkem Anzeigenaufkommen bis zu 40 Seiten Umfang.

Wieviel Anzeigen sind in der Zeitung?

Das Verhältnis von Anzeigenmenge zu redaktionellem Teil beträgt im Durchschnitt etwa 60:40. Die Einnahmen aus dem Verkauf der Exemplare würden die Herstellungskosten der BILD-Zeitung nur zu einem geringen Teil decken. Um die Verkaufspreise niedrig und damit die Auflage hoch zu halten, ist die Zeitung auf den Erlös aus dem Anzeigengeschäft angewiesen (ohne Anzeigen würden zum Beispiel „Die Zeit" etwa das Doppelte, „Die Welt" ca. das Dreifache und der „stern" ungefähr das Dreieinhalbfache kosten).

Wieviel kosten Anzeigen?

Die Anzeigenpreise einer Zeitung richten sich nach der Höhe der verkauften Auflage. Die Auflagenzahlen werden zu jedem Quartalsende von einem unabhängigen Institut veröffentlicht. Ende 1976 kostete eine ganzseitige Schwarz-weiß-Anzeige (jeweils einmal geschaltet) in der

● BILD-Zeitung	DM	185856,–	(alle BILD-Ausgaben)
farbig	DM	306662,40	(alle BILD-Ausgaben)
● stern	DM	36320,–	(wöchentl. verk. Aufl.:
farbig	DM	65376,–	1622084 Exemplare)
● HÖR ZU	DM	60800,–	(wöchentl. verk. Aufl.:
farbig	DM	97280,–	3795520 Exemplare)

Gerhard Gleissberg: Pressekonzentration und ihre Ursachen

Quelle: Gerhard Gleissberg (Hrsg.): Zur Presse. Konzentration und Meinungsmanipulierung. Verlag Marxistische Blätter. Frankfurt/M. 1972, S. 10f.

[2.] *Die risikobedingte Konzentration*

Gibt ein Zeitungsunternehmen mehrere Tageszeitungen, Wochenzeitungen, Illustrierte, Magazine usw. heraus, wird generell das Absatzrisiko verringert. Kommt eines der verschiedenartigen Presseprodukte solch eines Pressekonzerns nicht mehr beim Leser an, können hierbei entstehende Verluste aus den Gewinnen der anderen Verlagsprodukte getragen werden, solange bis das betreffende Blatt wieder aus den „roten Zahlen" heraus ist. (Z. B. war „Die Zeit", wirtschaftlich gesehen, unrentabel: Das Blatt machte von 1945 bis 1965 mehr als 12 Millionen DM Verluste. Der Verleger der Zeitung, Gerd Bucerius, konnte diese Durststrecke durchstehen, weil es ihm andere gewinnabwerfende Verlagsobjekte wie die Illustrierte „Stern" ermöglichten, die Wochenzeitung „Die Zeit", die nach eigenen Angaben 1965 die Rentabilitätsschwelle erreichte, finanziell zu unterstützen.)[6]
Ein solches Presseunternehmen hat jedoch nicht nur während der Absatzkrise eines einzelnen Produkts keine Existenzgefährdung zu erwarten, es kann darüber hinaus auch für die Zukunft durch kostspielige Marktanalysen, die sich kleinere Verleger nicht leisten können, die sich wandelnden Bedürfnisse, Gewohnheiten, Normen usw. seines bisherigen und eines neuen Lesermarktes untersuchen lassen.
Noch krisensicherer ist jedoch ein Presseunternehmen, das sich mit anderen Wirtschaftszweigen verbindet. Es könnte auf dem gesamten Pressesektor zu einer Strukturkrise kommen, die Preise müßten vielleicht generell so erhöht werden, daß ein Rückgang der Käufer folgt, die Papierzufuhr könnte aus irgendwelchen Gründen zurückgehen oder ausbleiben, Arbeitskämpfe könnten die Herstellung der Presseprodukte teilweise oder ganz behindern oder den Vertrieb und Verkauf blockieren, – in allen denkbaren Fällen wären solche Presseverlage kaum betroffen, die ihre Gewinne auch aus anderen Sparten der Wirtschaft zögen. Der Springer-Konzern vereinigt in sich nicht nur regionale, überregionale und nationale Zeitungsverlage, sondern auch Programm-, Frauen-, Jugend- und Fachzeitschriften sowie Buchverlage, Reisebüros und anderes. Zum Bertelsmann-Konzern gehören neben Buch- und Schallplattenverlagen, Buch- und Schallplattengemeinschaften auch Filmtheaterbetriebe, Unternehmen des Filmverleihs und der Film- und Fernsehproduktion und

---

[6] Hermann Meyn, Massenmedien in der Bundesrepublik Deutschland, Zur Politik und Zeitgeschichte, Heft 24/25, Colloquium Verlag, Berlin 1966, S. 46f.

auch eine große Hühnerfarm. Der Bertelsmann-Konzern scheint heute bereits an Größe wie an Vielfalt seiner Erzeugnisse den früheren Hugenberg-Konzern zu übertreffen.[7]

[3.] *Die marktbedingte Konzentration*

Absprachen zwischen Pressegroßkonzernen können erreichen, daß auf bestimmten Pressesektoren diese Konzerne sich keine Konkurrenz machen. Das bedeutet, daß diese Großkonzerne ihre ganze wirtschaftliche Macht auf ihre jeweilige Pressedomäne konzentrieren können. Sie haben es dann auf ihrem jeweiligen Hauptproduktionsgebiet mit schwächeren Konkurrenten zu tun. Auch wenn diese Konkurrenz nicht zu einer Fusion bereit ist, können die Großkonzerne dennoch mit einem baldigen ökonomischen Sieg rechnen, denn alle oben aufgeführten wirtschaftlichen Vorteile sind auf ihrer Seite. „Im deutschen Zeitschriftensektor besteht ... zwischen den größten Verlagsgruppen insofern eine Art Einvernehmen, als praktisch eine gewisse Sortimentsabgrenzung eingehalten wird. Während der Springer-Konzern bisher kaum in den Markt der Illustrierten- und Frauenzeitschriften eingedrungen ist, hat die Gruner-Jahr-Gruppe bisher weder eine Rundfunk- und Fernsehzeitschrift noch eine eigene Tageszeitung herausgegeben. Diese Marktabgrenzung wurde auch bei der Auflösung des Th. Martens-Verlages von den übernehmenden Konzernen Springer und Bauer beachtet und aufrechterhalten. Marktbedingte Konzentration kann auch die Reaktion auf das Verhalten anderer sein, wie z.B. im Falle der Gründung von Einkaufsgenossenschaften der deutschen Verlage für den Papierbezug gegenüber dem Absatzkartell der Zeitungspapierhersteller.“[8]

[4.] *Die machtbedingte Konzentration*

Über das Annoncengeschäft ist es für jedes größere, Anzeigen gebende Industrieunternehmen möglich, Einfluß grundsätzlicher Art auf die Presse zu nehmen. Auch in ganz konkreten Fällen ist solch ein massiver Einfluß durchaus denkbar (und auch schon oft praktiziert worden). Mehrere Anzeigen gebende Großkonzerne können sich z.B. dahingehend absprechen, bestimmte, nicht völlig systemkonforme Tageszeitungen oder sonstige Presseorgane zu boykottieren.[9] Durch starke und alleinige Unterstützung von Konkurrenzblättern kann sich außerordentlich schnell eine verstärkte Tendenz zur Konzentration der lokalen oder überregionalen Blätter ergeben. Die Anzeigen gebende Industrie kann aber auch die massive, einseitige Unterstützung wieder aufheben, wenn die „politische Korrektur“ bei den zeitweilig boykottierten Blättern erfolgt ist.[10]

---

[7] Helmut Arndt, a. a. O., S. 7.
[8] Ebenda, S. 8.
[9] Hermann Meyn, a. a. O., S. 61 ff.
[10] Helmut Arndt, a. a. O., Hermann Meyn, a. a. O., S. 40 ff.

Ralf Zoll/Eike Hennig:
Gestaltung der BILD-Zeitung

Quelle: Ralf Zoll/Eike Hennig: Massenmedien und Meinungsbildung, Juventa Verlag, München 1970, S. 174f.

Von der Gestaltung her betrachtet hat sich die BILD-Zeitung in den Worten Springers als „ein Kind des optischen Zeitalters, aber dieses optische Zeitalter erfuhr eine Intensivierung ..., denn Ende 1951 startete das Deutsche Fernsehen, und es war meine Überzeugung und mein Wille, BILD darauf Rücksicht nehmen zu lassen. Denn: vom Mischungsverhältnis des Inhalts her und von der leichten Faßlichkeit des Inhalts ist BILD ja der traditionellen Zeitung viel fremder als dem Fernsehen. Ich glaube wirklich, daß BILD die gedruckte Antwort auf das Fernsehen, auf die gesendete Zeitung ist."[100] BILD und Fernsehen treffen sich tatsächlich da, wo Unterhaltung als Mittel zur Information aufgefaßt wird, die Meldungen entgegen der zeitungsüblichen Praxis in fernsehgerechter Kurzform erscheinen und die spezifischen Probleme des „Ankommens" Auswahl und vor allem Aufmachung der Aussage bestimmen. In den fünfziger Jahren machten Überschriften und Bilder stets die Hälfte oder mehr der gesamten Zeitung aus (vgl. Tabelle 98).

Tabelle 98: Flächenanteile von Überschrift, Text, Bild und Werbung bei der BILD-Zeitung 1953, 1956 und 1958

	1953 1. u. 2. Seite (73 580 cm^2) %	1956 1. u. 2. Seite (73 881 cm^2) %	1958 1. u. 2. Seite (72 344 cm^2) %	insgesamt 1. u. 2. Seite (219 805 cm^2) %
Überschrift	20	26	29	25
Text	46	37	36	40
Bild	30	28	24	27
Reklame	4	9	11	8

Daran dürfte sich bis heute nicht viel geändert haben, ebensowenig an der Verteilung der Informationen auf besonders Sport und Vermischtes. Bei Silbermann fallen über 70% der Informationen in diese Kategorien ...

Leseranalyse der BILD-Zeitung

Quelle: Media-Micro-Census GmbH, Frankfurt: Media-Analyse 1976. Zitiert nach: Presse und Pressewesen, hrsg. von Ottheinrich Hestermann, Reclam Verlag, Stuttgart 1978. (Mit freundlicher Genehmigung der Media-Micro-Census GmbH.)

(1) Gesamtbevölkerung (2) Leser einer durchschnittlichen Ausgabe (3) weitester Leserkreis	Reichweite (1) Mill.	 %	 (2) Mill.	 %	 (3) Mill.	Zusammensetzung (1) %	 (2) %	 (3) %
Bevölkerung ab 14 Jahre	44,38	23,5	10,45	47,8	21,20	100	100	100
Männer	20,26	27,7	5,61	54,5	11,04	46	54	52
Frauen	24,12	20,0	4,83	42,1	10,16	54	46	48
Haushaltführende	21,68	20,6	4,47	42,0	9,11	49	43	43
Haushaltvorstände	21,61	24,9	5,39	49,1	10,60	49	52	50
14–19 Jahre	4,50	22,5	1,01	51,6	2,32	10	10	11
20–29 Jahre	5,90	24,6	1,45	50,8	3,00	13	14	14
30–39 Jahre	8,42	26,3	2,21	51,3	4,32	19	21	20
40–49 Jahre	8,61	26,3	2,27	51,4	4,43	19	22	21
50–59 Jahre	6,29	24,8	1,56	48,2	3,03	14	15	14
60–69 Jahre	6,23	20,4	1,27	42,5	2,65	14	12	12
70 Jahre und älter	4,43	15,3	0,68	32,7	1,45	10	6	7
in Ausbildung	2,55	18,4	0,47	45,1	1,15	6	4	5
berufstätig	22,00	27,9	6,13	54,1	11,91	50	59	56
nicht berufstätig	19,83	19,4	3,85	41,0	8,13	45	37	38
Inh., Leiter v. Unternehmen, freie Berufe	0,76	15,0	0,11	34,1	0,26	2	1	1
kleine und mittlere Selbständige	3,10	20,4	0,63	45,8	1,42	7	6	7
leitende Angestellte und Beamte	1,81	14,2	0,26	36,0	0,65	4	2	3
sonstige Angestellte und Beamte	13,20	22,6	2,98	47,6	6,29	30	29	30
Facharbeiter	6,15	33,5	2,06	60,2	3,70	14	20	17
sonstige Arbeiter	6,81	31,2	2,13	59,3	4,04	15	20	19
Landwirte	1,44	13,8	0,20	36,3	0,52	3	2	2
Volksschule ohne Lehre	16,76	24,0	4,02	47,6	7,98	38	38	38
Volksschule mit Lehre	13,93	29,8	4,15	56,0	7,79	31	40	37
weiterführende Schule ohne Abitur	9,64	19,1	1,84	43,6	4,20	22	18	20
Abitur, Hochschule, Universität	4,05	10,8	0,44	30,1	1,22	9	4	6
Haushaltseinkommen								
bis unter 750 DM	2,63	13,8	0,36	32,2	0,85	6	3	4
750 bis unter 1 000 DM	2,90	19,5	0,56	40,9	1,19	7	5	6
1 000 bis unter 1 500 DM	9,34	24,7	2,30	49,3	4,61	21	22	22
1 500 bis unter 2 000 DM	10,66	26,1	2,79	50,6	5,39	24	27	25
2 000 bis unter 2 500 DM	8,91	25,9	2,30	51,2	4,56	20	22	22
2 500 bis unter 3 000 DM	4,94	22,4	1,11	48,6	2,40	11	11	11
3 000 und mehr	5,00	20,4	1,02	43,9	2,20	11	10	10
Wohnort unter 5 000 Ew.	12,17	23,8	2,90	49,5	6,03	27	28	28
5 000 bis unter 20 000 Ew.	6,32	25,9	1,63	49,4	3,12	14	16	15
20 000 bis unter 50 000 Ew.	3,33	25,1	0,83	50,3	1,67	8	8	8
50 000 bis unter 100 000 Ew.	1,60	20,5	0,33	42,2	0,67	4	3	3
100 000 bis unter 500 000 Ew.	5,49	25,2	1,38	50,4	2,76	12	13	13
500 000 und mehr Einwohner	15,48	21,8	3,37	44,8	6,94	35	32	33

Ekkehart Mittelberg: Probleme der Nachrichtenauswahl

Quelle: Ekkehart Mittelberg/Dieter Seiffert (Hrsg.): Probleme des Pressewesens. Materialien für den Deutschunterricht und die Gesellschaftslehre. Diesterweg Verlag, Frankfurt 1974, S. 101–106

Die Meinungslenkung in der Presse beginnt bereits mit der Nachrichtenauswahl, bei der jede Zeitung mehr oder weniger im Sinne ihrer politischen Leitvorstellungen zielbewußt in die Fülle des ihr täglich vorliegenden Nachrichtenmaterials eingreift. Um das ganze Ausmaß der Problematik der Auswahl zu erfassen, ist es nötig, den Vermittlungsweg der Nachricht, d.h. den Selektierungsvorgang von ihrer Quelle bis zum Leser, kurz zu bestimmen:

„Folgendermaßen stellen sich, schematisch gegliedert, die acht neuralgischen Zeitpunkte im Verlauf der Information dar: Die Tatsache; die Aufzeichnung durch den Korrespondenten; die Übermittlung dieser Niederschrift an die Agentur; das Durchlaufen dieses Unternehmens unter gleichzeitiger erster Überarbeitung nach Form und Inhalt; die Verbreitung an die abonnierten Zeitungen; das Durchlaufen dieser Betriebe mit zweiter Überarbeitung nach Form und Inhalt; die Verbreitung in die Öffentlichkeit und schließlich die Reaktion des Publikums unter dem Eindruck der Nachricht.“[4]

Bei diesem Nachrichtenweg findet in der Regel gleich die erste Auswahl beim Ansatz statt, da die sogenannte Tatsache durch den Blickwinkel des Korrespondenten subjektiver wird, was besonders zutrifft, wenn der Korrespondent aus einem Staat berichtet, der Pressezensur ausübt.

Manfred Steffens[5] verdeutlicht plastisch, daß aus dem ungeheuren Strom der Nachrichten, die täglich den Agenturen zufließen und nach deren Filterung zu den Redaktionen gelangen, nach einer abermaligen Selektion dort und schließlich nach der Auswahl beim Lesevorgang für den einzelnen Leser nur ein paar Informations-„Tropfen“ übrigbleiben.

„Die Übersicht zeigt, daß die Deutsche Presse-Agentur von dem Nachrichtenmaterial, das sie empfängt, noch nicht einmal zehn Prozent an ihre Kunden, die Zeitungen, weitergibt. Dabei ist zu bedenken, daß diejenigen, die der dpa-Zentrale das Material geliefert haben, also Landesbüros, Auslandskorrespondenten, Vertragsagenturen, Zeitungen und Rundfunkstationen ihrerseits ebenfalls schon eine Auswahl getroffen hatten, die etwa in gleicher Weise erfolgt sein dürfte, wie es in der dpa-Zentralredaktion geschieht. Auch bei diesen Zulieferern kann davon ausgegangen werden, daß sie etwa zehn Prozent des bei ihnen eingegangenen Materials weitergegeben haben.

---

[4] Roger Clausse, Publikum und Information. Köln u. Opladen: Westdeutscher Verlag 1962, S. 20.

[5] Manfred Steffens, Das Geschäft mit der Nachricht. Hamburg: Hoffmann und Campe 1969, S. 29.

Das bedeutet aber, wenn vom Ursprung der Nachricht ausgegangen wird, nichts anderes, als daß die Kunden der dpa praktisch nur ein Prozent der angefallenen Nachrichten erhalten. Und was machen dann die dpa-Kunden, also die Zeitungen, mit diesem Nachrichten-Rest? Sie übernehmen davon gerade so viel, ‚wie in ihre Zeitung hineinpaßt'. Und das kann nicht mehr sehr viel sein, denn den Nachrichten, die von der Agentur kommen, wird in der Zeitung viel Platz streitig gemacht. Da sind einmal die Nachrichten und Berichte, die der Zeitung von eigenen Korrespondenten und Mitarbeitern zugegangen sind; da sind die Regional- und Lokal-Nachrichten, die von einer Nachrichten-Agentur kaum aufgegriffen werden können; und da sind schließlich die Kommentare, Leitartikel, feuilletonistischen Betrachtungen und – last not least – der vielfach recht beachtliche Anzeigenteil, der die Existenzgrundlage fast aller Zeitungen bildet."[6]

Wir alle wissen, daß nach dem drastischen Ausscheidungsvorgang des Nachrichtenweges der Leser in der Regel selbst noch einmal stark selektiert. Seine Auswahl wird bestimmt durch das besondere Interesse an bestimmten Sparten, und sofern er politische Nachrichten liest, konzentriert er sich häufig auf solche, die seine eigene Interessenlage berühren bzw. ihn in einer bereits verfestigten Meinung bestätigen. [...] Macht man sich ferner klar, daß besonders die Leser von Boulevard-Blättern, aber auch die anspruchsvollerer Zeitungen, ihr Medium oft mehr um der Entspannung als um der Information willen lesen, dann wird einsichtig, wie verschwindend wenig von dem täglichen Nachrichtenstrom der einzelne Leser bewußt reflektiert.

Nachdem deutlich geworden ist, daß der durchschnittliche Zeitungsleser nur einen ganz geringen Bruchteil der täglichen Nachrichtenfülle aufnehmen kann, ist die Frage, nach welchen Kriterien Nachrichten in den Redaktionen ausgewählt werden, von besonderer Bedeutung, weil dieses tägliche Nachrichtenminimum durch die Gesichtspunkte der Auswahl stark manipuliert sein kann. Steffens[7] zitiert acht Auswahlkriterien, die von amerikanischen Kommunikationsforschern ermittelt wurden:

1. Was kommt unerwartet?
2. Was hat Konsequenzen für eine große Zahl von Bürgern?
3. Was schafft Spannungen, ist umstritten?
4. Sind bekannte Personen im Spiel?
5. Wie nah (zum Erscheinungsort, Sendeplatz) ist der Schauplatz des Ereignisses (je näher, desto besser)?
6. Was ist geeignet, Gefühle des Bürgers anzusprechen (Mitleid, Grausamkeit, Humor)?
7. Wie konkret und anschaulich in der Darstellung ist eine Meldung?
8. Was erfreut den Bürger (Leser, Hörer, Fernsehzuschauer)?[8]

---

[6] Ebd., S. 29.
[7] M. Steffens, a. a. O., S. 210.
[8] Ähnliche Kriterien der Auswahl nennen Kurt Koszyk und Karl H. Pruys im Wörterbuch zur Publizistik, S. 247.

Selbst in der Anwendung dieser sehr formal gehaltenen Auswahlaspekte werden sich schon die Formen der Zeitungen in der BRD scheiden. So werden die Punkte 4, 6 und 8 in besonderem Maße für die Boulevardpresse zutreffen.
Nachrichtenauswahl ist ein eminent politischer Akt. Dieser wird erheblich von dem politischen Standort einzelner Personen beeinflußt, angefangen mit der politischen Sicht des Auslandskorrespondenten. Einen großen Einfluß auf die Auswahl von Nachrichten haben der Verleger und der Chefredakteur, die ihre Journalisten auf eine bestimmte politische Linie einschwören, z.B. Springer und Boenisch, die die Bild-Zeitung auf einem undifferenziert antikommunistischen Kurs halten ...
Man braucht für das Fiasko einseitiger Auswahl durchaus nicht nur den Prügelknaben Springer zu zitieren. In der Nachfolge des berühmten Aufsatzes von Enzensberger „Journalismus als Eiertanz“[9] weisen Glotz/Langenbucher[10] durch Gegenüberstellung mit der Neuen Zürcher Zeitung an sechs exemplarischen Fällen („Berichterstattung im Ost-West-Konflikt und in der Deutschlandfrage ... Berichterstattung über den Aufstand in der portugiesischen Besitzung Angola, über den Krieg in Algerien, den Krieg in Vietnam, den Nah-Ost-Konflikt und über die Kulturrevolution in China“)[11] nach, daß die gesamte etablierte überregionale Presse der BRD in der Auslandsberichterstattung mehr oder weniger dürftig ist bzw. versagt. Glotz/Langenbucher führen für das durch einseitige Auswahl bedingte gravierende Nachrichtendefizit ideologische Gründe und technische Ursachen an, da zahlreiche Zeitungen ihre Meldungen nur von einer einzigen Agentur beziehen. Damit wäre das Extrem des Kapitels „Auswahl“ erreicht, weil es noch bei großen, finanzstarken Zeitungen vorkommt, daß sie gegenüber bestimmten Geschehnissen keine Auswahl der Nachrichten haben. Besonders beunruhigend sind die Recherchen von Glotz/Langenbucher zum Angolakrieg. Die namhaften überregionalen bundesrepublikanischen Blätter – in diesem Falle sogar die Zürcher Zeitung – stützten sich nur auf portugiesische Quellen und berichteten entsprechend mangelhaft, während die Hamburger Zeitschrift „Konkret“ nur Informationen der Aufständischen brachte. Wenn man unterstellt, daß nur wenige Konkret-Leser die bürgerlichen Zeitungen (Welt, Frankfurter Allgemeine Zeitung, Süddeutsche Zeitung, Neue Zürcher Zeitung) lesen und daß nicht viele bürgerliche Leser von „Konkret“ Kenntnis nehmen, dann wird die Problematik einer völlig einseitigen Berichterstattung, wie auch immer sie begründet sein mag, offenbar.

---

[9] H. M. Enzensberger, Einzelheiten I. Frankfurt 1962, S. 18 ff.
[10] P. Glotz/W. Langenbucher, Der mißachtete Leser. Zur Kritik der deutschen Presse. Köln, Berlin 1969, S. 48 ff.
[11] Ebd., S. 51.

Der Weg einer Zeitungsinformation vom Ereignis zum Leser

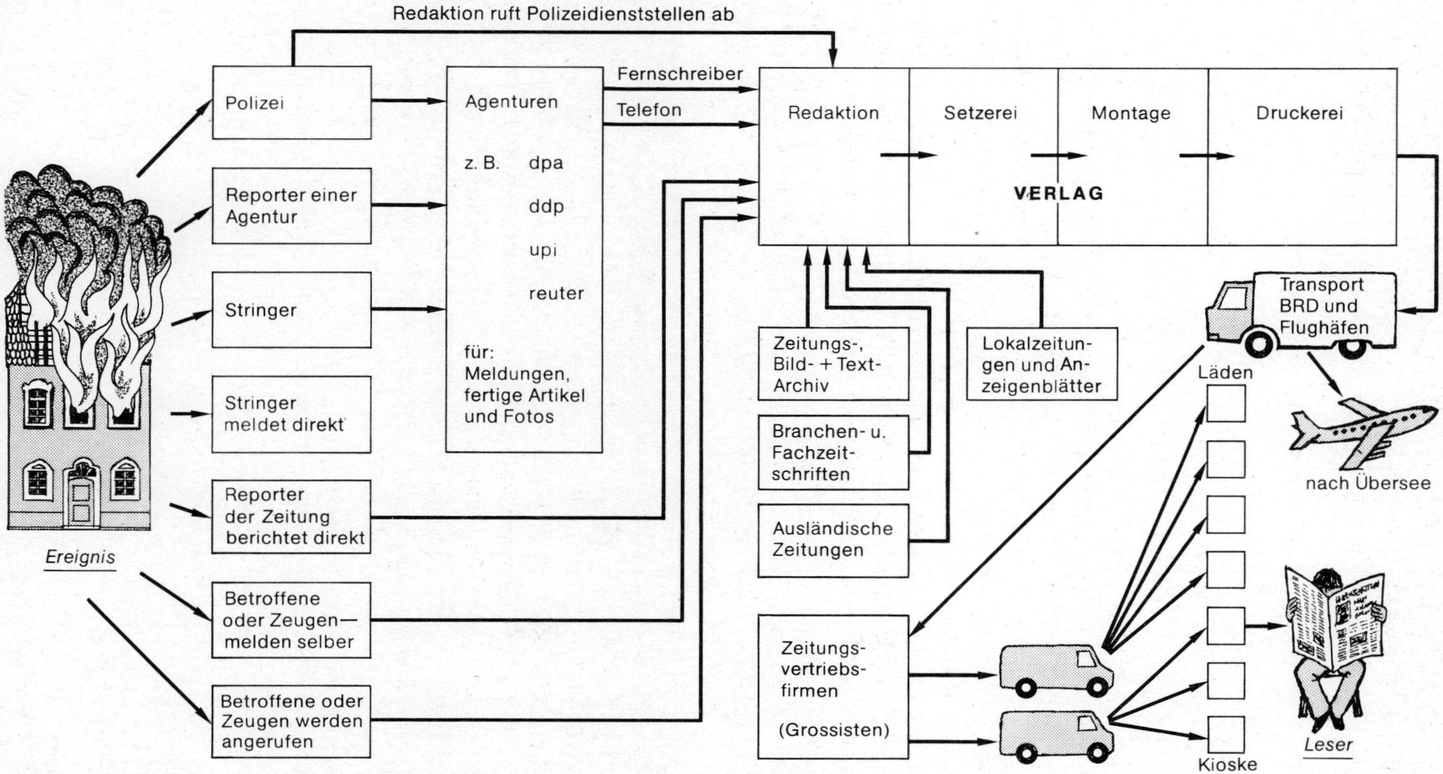

Quelle: Hans Schulte-Willekes. Schlagzeile. Ein Zeitungsreporter berichtet. rororo-rotfuchs 144, Rowohlt Taschenbuch Verlag GmbH, Reinbek 1977

Fluck u.a.:
Die Nachricht – Definition und Charakter

Quelle: Hans-R. Fluck/Jutta Kruck/Michael Maier: Textsorte Nachricht. Crüwell Konkordia Verlag, Dortmund ²1976, S. 3f.

1.1. Was ist eine Nachricht?

Bei einem Möbelkauf sagt der Verkäufer: Über den Zeitpunkt der Lieferung werden Sie benachrichtigt (a).
Die Schulglocke läutet. Der Unterricht ist zu Ende (b).
Bundespräsident X trifft am kommenden Sonntag um 12.30 Uhr auf dem Bahnhof in H. ein (c).
In der großen Winzerhalle des Weindorfes A. begann am Freitagabend mit einem Heimatabend das bekannte Weinfest der Gemeinde. Vor einigen tausend Gästen gestalteten mehrere Vereine ein ansprechendes Programm (d).
Wie der Verbraucherverband gestern auf einer Pressekonferenz mitteilte, ist in den nächsten Tagen mit einer Erhöhung des Milchpreises um 3 Pfennige je Liter zu rechnen (e).
Nach kurzer Krankheit entschlief unser lieber Vater, Schwiegervater, Opa, Bruder, Schwager und Onkel Joachim H. im 80. Lebensjahr ... Die Beerdigung findet am Mittwoch, 6. März, um 13.30 Uhr von der alten Kapelle des Stadtfriedhofes aus statt (f).
Rosenkohl putzen und waschen, mit 2 Tassen Wasser in 30–40 Minuten gar dünsten. Kochflüssigkeit abgießen, aufheben. Champignons putzen, waschen und fein wiegen, die Zwiebeln ebenfalls fein wiegen ... (g).
Auf einer Mauer steht in wackeligen Buchstaben: Thomas liebt Sabine (h).
Die Beamten, Richter und Soldaten werden rückwirkend ab 1. Januar die gleiche Aufbesserung ihrer Bezüge erfahren wie die Angestellten und Arbeiter im öffentlichen Dienst ... Der Gesetzesentwurf lag im Bundesinnenministerium schon lange fertig in der Schublade; nur an der Stelle, wo das Ausmaß der Gehaltserhöhung eingetragen werden mußte, waren ein paarmal die Leertasten gedrückt worden (i).
Karl sagt zu seinem Freund: Mein Vater ist gestern von der Leiter gefallen (j).

Aufgaben:

1. Welcher Text ist Nachricht, welcher nicht? Begründe deine Meinung.
2. Ordne die Nachrichten nach ihrer Bedeutung, wie du sie siehst.
3. An welchen Personenkreis richten sich die einzelnen Nachrichten?
4. Stelle die Merkmale aller Nachrichten zusammen.

In welche Gruppen kannst du dann die Nachrichten einteilen?
Beachte hierzu die Aussprüche berufsmäßiger Nachrichtenmacher (Journalisten, Redakteure) unterhalb dieser Aufgabe.

Meinungen der Nachrichtenmacher

Es gibt nichts älteres als eine Zeitung von gestern (Zeitungsweisheit).
154 Unfalltote im Laufe eines Tages auf den verschiedenen Straßen der Bundesrepublik Deutschland sind keine mitteilenswerte Nachricht, 154 Unfalltote bei einem Flugzeugabsturz sind eine Nachricht (Meinung von Rundfunk-Redakteuren).

MAT 9a

Ekkehart Mittelberg:
Repräsentative human interest stories

Quelle: Ekkehart Mittelberg: Die Problematik und die Sprache der human interest story. In: DU, Heft 6, 1970, S. 5–11

Text I Bild, 16.5.1968, 3

Die Frau mit der Häftlingsnummer 99 wurde begnadigt.
Bevor sie das Gefängnis verließ, mußte sie für die Freiheit ‚trainieren'.
Nach 20 Jahren ein zweites Leben.
Das Tor öffnete sich. Dann sagte sie: „Die wunderbare Sonne! – Ich freue mich auf blühende Gärten."

1 Die Insassin in der Zelle 9 der Frauenhaftanstalt Frankfurt-Preungesheim erwachte gestern morgen nach genau 20 Jahren, 73 Tagen und 21 Stunden Zuchthausaufenthalt vor einem weiß gedeckten Tisch. Auf ihm standen Erdbeerkuchen, Schlagsahne und dampfender Kaffee.

2 Die Sonne schien durch die Zellenfenster. Eine Wärterin stellte frische Feldblumen auf den Tisch. Eine zweite Wärterin brachte der Frau ein beigefarbenes Kostüm und einen Staubmantel.

3 Es war 5.30 Uhr. Es waren die ersten Minuten der Freiheit für die begnadigte Giftmörderin Hilde Göpel (66) aus Runkel (Lahn), für die sich jetzt die Zuchthaustore öffneten.

Ein kleiner Koffer

4 Mit einem kleinen Koffer in der Hand verließ sie eine Stunde später die Frauenstrafanstalt. Sie sagte: „Die Sonne, die wunderbare Sonne. Ich freue mich auf die blühenden Gärten."

5 Die Anstaltsleiterin, Oberregierungsrätin Dr. Helga Einsele: „Sie war eine stille, bescheidene Frau, die für ihre Tat schwer gebüßt hat.“

6 Hilde Göpel war im Herbst 1947 vom Schwurgericht Limburg wegen Giftmordes an ihrem Ehemann Otto zu lebenslänglichem Zuchthaus verurteilt worden. Das Gericht sah es damals als erwiesen an, daß sie ihrem Mann heimlich Strychnin in den Kaffee gemischt hatte, um ihn loszuwerden. Als Motiv stellte das Gericht dar: Hilde Göpel wollte ungestört mit ihrem Liebhaber, einem Lebensmittelhändler, zusammenleben.

7 Zunächst gestand Hilde Göpel, dann widerrief sie und beteuerte: „Ich bin unschuldig.“ Im Februar 1948 schlossen sich die Zuchthaustore hinter ihr. Sie bekam die Häftlingsnummer 99.

8 Nach 20 Jahren wurde sie begnadigt. Anstaltschefin Dr. Einsele: „Als sie das Schreiben des hessischen Justizministeriums erhielt, begann sie zu weinen.“

9 Seitdem war Hilde Göpel wie ein junges Mädchen darum besorgt, in einem schönen Kleid und gut frisiert ihren Weg in die Freiheit anzutreten.

10 Mit Erlaubnis des Justizministers durfte Hilde Göpel für ihre Freiheit ‚trainiert‘ werden. Anstaltschefin Dr. Einsele: „Sie erhielt Verkehrsunterricht. Sie mußte wieder lernen, daß man nur bei Grün über die Straße gehen darf.“

11 Fünfmal durfte die Frau aus dem Zuchthaus mit einer Anstaltsbeamtin sogar zwei Stunden lang durch Frankfurt bummeln. Viermal saßen die Beamtin und Hilde Göpel in einem kleinen Frankfurter Straßencafé bei Kaffee und Kuchen.

Alles ist anders

12 Die Anstaltschefin: „Frau Göpel sollte sehen, wie sich die Menschen in den 20 Jahren, in denen sie in Haft war, geändert haben.“

13 Für ihre Entlassung schneiderte sich Hilde Göpel ein Kostüm. Von ihren Ersparnissen kaufte sie sich Wangenrouge.

14 Einen Tag vor ihrer Entlassung lud sie 20 ihrer Zellennachbarinnen zu einer kleinen Abschiedsfeier ein. Anstaltschefin Dr. Einsele: „Ich hielt eine kleine Ansprache. Frau Göpel weinte. Dann tranken die Frauen Kaffee und aßen Marmorkuchen. Es war richtig rührend.“

15 Noch ein letztes Mal gab es dann für die begnadigte Giftmörderin am Abend vor der Entlassung Gefängniskost: Käse, Jagdwurst, Margarine und Brot.

16 Als sie gestern die Strafanstalt verlassen durfte, wurde sie von einer Fürsorgerin zum Tor gebracht. Hilde Göpel: „Auf Wiedersehen. Besuchen Sie mich mal auf eine Tasse Kaffee.“

Daheim ein Enkel

17 Vor dem Tor wartete ihr Sohn, ein Vorarbeiter aus Friedberg (Hessen). Er ist verheiratet und hat einen Jungen. Auf ihren Enkel freut sich Hilde Göpel besonders.

18 Die Frau, die 20 Jahre hinter Gittern verlebt hat, fürchtet sich nicht vor der Zukunft. Sie hat in ihrem Heimatort Runkel ein kleines Haus. Nachbarn haben ihr Möbel und Küchengeräte zur Verfügung gestellt.

19 Obwohl Hilde Göpel für ihre Arbeit im Zuchthaus pro Tag nur eine Mark verdiente, hat sie rund 1000 Mark gespart.
20 Die Frau, deren Gesicht in der Haft ruhig und freundlich geworden ist: „Das Geld ist für meinen kleinen Enkelsohn."

MAT 9b

Text II   Abendpost Nachtausgabe, 24.5.1968, S.16

Gestohlene Pelze sollten der kranken Tochter helfen.
Medikamente waren zu teuer – Zwei Jahre Zuchthaus für Bauarbeiter
1 Es war Winter und der Bauarbeiter Hans G. (42) hatte keine Arbeit, als er vom Arzt erfuhr, daß seine 13jährige Tochter Renate an Leukämie erkrankt war. Hans G. wollte dem Kind teure Medikamente aus den USA besorgen, hatte aber kein Geld. Da las er in der Zeitung, daß die Korschenbroicher Kürschnerei Nitsche besonders kostbare Pelze auf Lager hatte. Obwohl er schon einmal wegen Diebstahl bestraft worden war und sich selbst geschworen hatte, nie mehr zu stehlen, beschloß Hans G.: Da hole ich mir ein paar teure Pelze. Wenn ich die gut verkaufe, kann ich Renate helfen.
2 Hans G. überredete seinen Freund Eduard K. (44), in Mönchengladbach als ‚Juwelen-Ede' bekannt, mitzumachen. Ede hatte schwere Bedenken ob der ihm zugemuteten branchenfremden Tätigkeit, beschloß aber mitzumachen. Schließlich sollte es ja für einen guten Zweck sein. Nachts, am 4. November 1967, schlichen die beiden Pelz-Interessenten von hinten an die Firma heran. Aber das Fenster, durch das sie einsteigen wollten, lag zu hoch.
3 Schon wollten sie nach Hause gehen, da entdeckten sie auf einem Nachbargrundstück eine Leiter. Kaum war die Leiter angelehnt, bekamen Hans und Ede Gewissensbisse und wollten das Ganze doch lieber sein lassen. Aber schließlich zogen die kostbaren Pelze mehr. Also stieg man in der ersten Etage ein.
4 Da Ede einen sicheren Blick für Wertsachen hatte, sollte er sich mal im Pelzlager umsehen und die besten Nerz- und Leopardenmäntel aussortieren. Hans G. durchwühlte inzwischen das Chef-Büro nach Bargeld, fand aber nichts. Schließlich entdeckte er den Safe.
5 Gerade als er das Ede mitteilen und mit ihm beratschlagen wollte, wie der Tresor zu knacken sei, sah er in der Türe einen Polizeibeamten. Dahinter stand Ede und zeigte traurig seine mit Handschellen gefesselten Hände. Eine Alarmanlage hatte die nur 50 Meter entfernt liegende Polizeiwache von dem Einbruch informiert.
6 Hans G. versuchte zu fliehen. „Stehen bleiben", rief ein Polizeibeamter. Doch der verhinderte Dieb lief weiter. Da zog der Polizeimeister T. die Pistole und feuerte.

Im Oberschenkel getroffen, blieb Hans G. liegen. Heute, ein halbes Jahr nach dem mißglückten Einbruch, liegt er immer noch im Düsseldorfer Gefängnislazarett. Hans G. wird nie mehr richtig laufen und wohl auch keine Einbrüche mehr begehen können.

7 Während ‚Juwelen-Ede' für den Einbruch bereits vor einigen Wochen ein Jahr Gefängnis bekommen hatte, verurteilte die Zweite Große Strafkammer unter Vorsitz von Landgerichtsdirektor Edgar Böttger den immer noch verletzten Hans G. jetzt wegen gemeinschaftlichen Rückfalldiebstahls zu zwei Jahren Zuchthaus.

8 Eine außerordentlich harte Strafe, wenn man bedenkt, daß kein Schaden angerichtet wurde und Hans G. durch den Pistolenschuß zeit seines Lebens gezeichnet bleiben wird. Das Gericht zeigte kein Verständnis für seine Lage. Es half nichts, daß er beteuerte: „Meine Eltern kenne ich nicht, von meiner Frau bin ich geschieden, Renate war das einzige, was mir blieb. Ich mußte ihr doch helfen."

Stundenblätter für die Sekundarstufe I

Günther Busse
Stundenblätter Aufsatz 7./8. Schuljahr
100 Seiten + 17 Seiten Beilage, geh., Klettbuch 920561

Gesine Jaugey
Stundenblätter „Schimmelreiter" und „Judenbuche" im Vergleich
42 Seiten + 14 Seiten Beilage, geh., Klettbuch 92739

Gesine Jaugey
Stundenblätter „Kleider machen Leute"/„Taugenichts"
70 Seiten + 20 Seiten Beilage, geh., Klettbuch 924011

Wolfgang Salzmann
Stundenblätter Kurzgeschichten für die Sekundarstufe I
44 Seiten + 18 Seiten Beilage, geh., Klettbuch 92738

Dieter Schiller
Stundenblätter Alfred Andersch „Sansibar oder der letzte Grund"
Eine Einführung in den modernen Roman für Klasse 10
68 Seiten + 16 Seiten Beilage, geh., Klettbuch 927141

Günter Scholdt/Dirk Walter
Stundenblätter „Hauptmann von Köpenick"
49 Seiten + 14 Seiten Beilage, geh., Klettbuch 927131

Stundenblätter für die Sekundarstufe II

Wolfgang Salzmann
Stundenblätter „Woyzeck"
Eine literatursoziologische Analyse
38 Seiten+15 Seiten Beilage, geh., Klettbuch 92737

Jürgen Wolff
Stundenblätter „Der Untertan"
Interpretationsmethoden – Arbeitstechniken – Sozialformen
163 Seiten+39 Seiten Beilage, kart., Klettbuch 928411

Udo Müller
Stundenblätter Lenz/Brecht: Der Hofmeister
Lenz/Kipphardt: Die Soldaten
88 Seiten+18 Seiten Beilage, geh., Klettbuch 927171

Stundenblätter gibt es auch für die Fächer Geschichte/Gemeinschaftskunde und Geographie.